NEW

초간단
영문법
GO!

쉽고 재미있게
배운다!

ᴰDigis

여러분의 외국어 학습에는 언제나
디지스가 성실한 동반자가 되어 줄 것입니다.

일러스트로 배우는 초간단 영문법

수동태, 동명사, to 부정사, 관계대명사, 분사 이런 말들은 영문법을 공부하면서 한번쯤은 들어봤던 말들이지만, 어렵고 재미없어서 아예 포기하기 쉽다. 그러나 점차 영어회화를 공부하면서, 영어회화를 잘 하기 위해서는 영어의 기본틀인 영문법을 이해하는 것이 중요하다는 것을 깨달았다.

그래서 **이 책은 어렵고 재미없게만 느껴지는 영문법을 일러스트를 통해 쉽고 재미있게 이해할 수 있게 했다.** 주저리주저리 늘어지는 설명을 그림으로 간단히 정리했기 때문에, 그림만 봐도 영문법이 쏙쏙 이해된다.

유창한 영어회화에 꼭 필요한 담백한 영문법

이 책은 일상생활에서 많이 쓰이는 문장들을 통해 문법을 설명했기 때문에, 문법과 회화를 동시에 배울 수 있는 장점이 있다.

회화에 꼭 필요한 영문법만을 담았기 때문에, 영문법의 군더더기를 뺀, 기름기가 쏙 빠진 살코기와도 같은 담백한 영문법 책이라는 점을 강조하고 싶다. 문법을 깊이 안다고 해서 영어회화를 유창하게 할 수 있는 것은 아니다. 이 책에 나온 문법만 확실히 정리한다면 단순히 영문법만 마스터하는 것이 아니라, 유창한 영어회화에 큰 도움이 되어 줄 것이다.

| 이 책의 구성 및 활용법 |

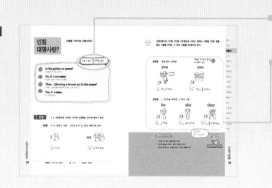

바로 써 먹는 **실제회화**

unit별로 기본 개념을 쉽고 재미있게 이해할 수 있도록, 일러스트를 이용하여 설명하였다.

| 목차 |

알아도 다시 한번

앞에서 배운 내용을 다시 한번 복습할 수 있도록 간결하게 정리하였다.

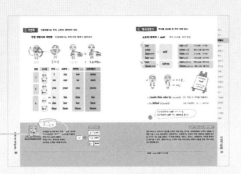

명사를 바로 써 먹는 회화문

실제 회화에서 어떻게 쓰이는지, 자주 쓰이는 문장들을 예문으로 회화문을 실어 실제 회화도 가능하도록 하였다.

띠리리~ 띠리리

unit 1

명사

명사란?

세상에 존재하는 모든 사람과 사물들의 이름이다.

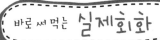

 Tomorrow is **Tom's birthday**.
내일이 탐의 생일이야.

 Oh, really?
정말?

 How about having a **party** for him?
그를 위해서 파티를 여는게 어때?

 That's a great **idea**.
좋은 생각이야.

1. 종류

명사는 보통명사, 집합명사, 추상명사, 물질명사, 고유명사로 나뉜다.

1 보통 명사 일상에서 흔히 볼 수 있는 모양이 뚜렷한 사물의 이름을 가리키는 명사

apple   book   chair

flower, boy, dog · · ·

8

• apple 사과 • book 책 • chair 의자 • flower 꽃

명사

관사

대명사

동사

형용사

부사

전치사

접속사

시제

조동사

부정사

동명사

분사

수동태

관계사

비교

가정법

부록

KEY POINT 명사는 셀 수 있는 명사와 셀 수 없는 명사로 나뉜다.
또한 단수와 복수를 엄격히 구별해서 사용한다.

2 **집합 명사**   여러개가 모여 하나의 집단이나 무리를 가리키는 명사

family

class

모두모여

team

nation, people, police ···

3 **추상 명사**   일정한 모양 없이, 우리의 생각이나 추상적인 개념을 가리키는 명사

love

hope

수리수리
마수라~

hope

happiness

행복해~

news, luck, success ···

- class 학급
- happiness 행복
- nation 국민, 민족
- news 소식, 뉴스
- police 경찰
- luck 행운
- hope 희망
- success 성공

4 물질명사 　 일정한 모양이나 크기가 없는 물질로 이루어진 명사

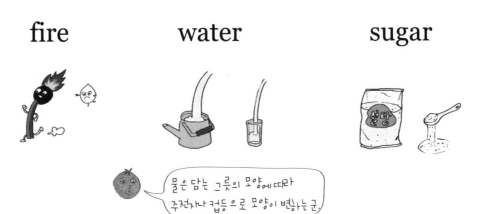

fire　　　　water　　　　sugar

물은 담는 그릇의 모양에 따라 주전자나 컵등으로 모양이 변하는 군.

air, coffee, rain, snow, fire ⋯

알아도 다시 한 번

명사의 종류

보통명사 _ 일상 생활에서 흔히 볼수 있는 모양이 있는 사물을 가리키는 명사
apple, book, chair

집합명사 _ 하나의 무리나 집단을 가리키는 명사
family, class, team

• fire 불	• water 물	• sugar 설탕	• air 공기
• coffee 커피	• rain 비	• snow 눈	

5 고유 명사 이름, 지명 등과 같이 세상에 단 하나밖에 없는 명사

Sally   Korea   Monday

고유명사의 첫 글자는 항상 대문자를 써~!

March, New York, Edison · · ·

추상명사 _ 형태가 없고, 추상적인 개념을 나타내는 명사
love, hope, happiness

물질명사 _ 일정한 모양과 크기가 없이 물질이나 재료로 이루어진 명사
air, water, sugar

고유명사 _ 이름, 지명, 국명 등과 같이 세상에 단 하나밖에 없는 명사
Sally 인명, Korea 국명, Monday 요일

• Sally 샐리 이름   • Korea 한국 국명   • Monday 월요일   • March 3월
• New York 뉴욕 지명   • Edison 에디슨 인명

2. 명사의 수 이해하기

셀 수 있는 명사와 셀 수 없는 명사로 나뉜다.

1 셀 수 있는 명사　apple과 같은 보통명사와 team과 같은 집합명사로 하나·둘 셀 수 있다.

I have an 🍎pple.

나는 사과를 한 개 가지고 있다.

I have two apple(s.)

나는 사과를 두 개 가지고 있다.

- There is a team.
- There are two teams.

한 팀이 있다.
두 팀이 있다.

셀 수 있는 명사의 특징

① 명사 앞에는 수와 양을 나타내는 수사를 붙여야 한다.

② 단수와 복수로 구별된다.
사람이나 사물이 하나인 것을 단수라 하고, 둘 이상인 것을 복수라 한다.

③ 단수 앞에는 **a/an**을 붙인다. 이때 발음이 자음으로 시작하는 명사 앞에는 **a**를, 모음으로 시작하는 명사 앞에는 **an**을 붙인다.

명사

관사

대명사

동사

형용사

부사

전치사

접속사

시제

조동사

부정사

동명사

분사

수동태

관계사

비교

가정법

부록

2 **셀 수 없는 명사** love 같은 추상명사, water와 같이 형태가 없는 물질명사,
Korea와 같은 고유명사로 하나 · 둘 셀 수 없다.

 My name is Tom.

My name is a Tom.

내 이름은 탐이다.

- I drank a cup of milk in the morning.
  I drank a milk in the morning.(x)

  나는 아침에 우유 한잔을 마셨다.

milk, water와 같은 물질 명사는 컵으로 센다.

- Success is our hope.
  Success is a our hope.(x)

  성공이 우리의 희망이다.

추상 명사 앞에는 a/an을 붙이지않는다.

셀 수 없는 명사의 특징

❶ 복수형이 없다.
❷ a/an 과 같은 수사를 붙일 수 없다.

• **drank** drink마시다 의 과거형   • **hope** 희망

3. 셀 수 있는 명사의 복수

명사가 둘 이상일 때는 단어 끝에 −(e)s를 붙여 복수형을 만든다.

1 일반적인 복수형 단어 끝에 s를 붙인다

girl ⇨ girlS   car ⇨ carS

2 s, sh, ch, x, z로 끝나는 명사 단어끝에 es를 붙인다

box ⇨ boxeS   dish ⇨ disheS

3 자음 + o로 끝나는 명사 단어 끝에 es를 붙인다

potato ⇨ potatoeS   tomato ⇨ tomatoeS

• dish 접시   • potato 감자   • tomato 토마토

4 자음 + y로 끝나는 명사 y를 i로 바꾸고 es를 붙인다

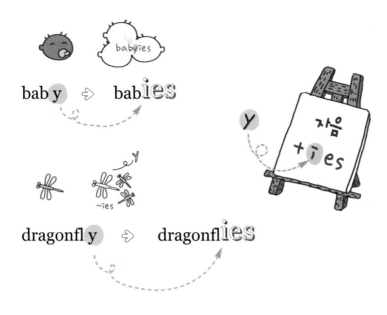

bab y ⇨ bab**ies**

dragonfl y ⇨ dragonfl**ies**

5 f, fe로 끝나는 명사 f, fe를 v로 바꾸고 es를 붙인다

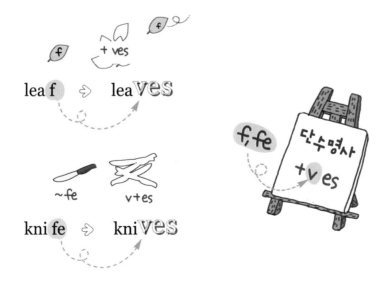

lea **f** ⇨ lea**ves**

kni **fe** ⇨ kni**ves**

• baby 아기　　• dragonfly 잠자리　　• leaf 나뭇잎　　• knife 칼

6 불규칙하게 변하는 명사

man ⇨ m(e)n   tooth ⇨ t(ee)th

7 단수와 복수형이 같은 명사

sheep ⇨ sheep   fish ⇨ fish

8 항상 복수형인 명사

shoes   pants   glasses

• man 남자   • tooth   이   • sheep   양   • glasses 안경

4. 셀 수 없는 명사의 복수

1 물질명사의 복수형

- a cup of water

  물 1잔

- two cup(s) of water

  물 2잔

알아도
다시 한 번

물질명사의 복수형

일정한 형태가 없는 물질명사는 셀 수 없는 명사라서 a/an을 붙여 a water
혹은 복수 waters로 만들 수 없다. 그래서 물질명사를 담고 있는 그릇이나
용기를 단위로 해서 복수로 만든다.

현대 회화체에서는 two waters라고 하기도 한다.

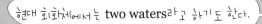

- a cup of water   물 1잔   • two cups of water   물 2잔

명사 를 바로 써 먹는 **회화문**

This is my car. 보통명사
이거 내 차야.

Our team has advanced to the finals.
집합명사 우리 팀이 결선에 진출했어.

Our love will last forever. 추상명사
우리의 사랑은 영원히 계속될 거예요.

I love coffee. 물질명사
나는 커피를 정말 좋아해.

I'm sure Neal will be pleased.
고유명사

닐이 분명히 기뻐할 거야.

Give me two glasses of orange juice.
물질명사 복수형

오렌지 쥬스 두 잔 주세요.

I saw cute babies yesterday.
규칙 변화　　어제 귀여운 아기들을 봤어.

Tom is very popular among women.
불규칙 변화　탐은 여자들한테 인기 짱이야.

Did you brush your teeth?
불규칙 변화 양치질했어?

웬 소리야?

허리 길다!

How about these pants?
항상 복수형　이 바지 어때?

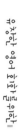

18

unit 2

관사

관사란?

명사 앞에서 명사의 수에 관해 좀 더 정확히 도움을 주는 역할로, 부정관사 a/an과 정관사 the가 있다.

 Did you read **the** newspaper this morning?
오늘 아침에 신문 읽었어요?

 No, what's new?
아니요, 무슨 일 있어요?

 There was **a** big plane crash.
대형 비행기 사고가 있었어요.

 Oh, no!
오, 저런!

1. 부정관사 a, an

정해지지 않은 사람이나 사물 앞에 a/an을 쓴다.

不定冠詞

1 대표적인 성질

말 그대로 정해지지 않은 일반적인 것으로, 명사의 특성을 확실히 나타내준다.

발음이 자음으로 시작되는 명사 앞에는 **a**, 모음으로 시작되는 명사 앞에는 **an**을 쓴다.

A 🚗car🚗 is fast.
An 🍎apple🍎 is red.

차는 빠르다.   a car는 일반적인 차를 말한다.

사과는 빨갛다.
an apple은 일반적인 사과를 말한다.

• fast 빠른

명사

관사

대명사

동사

형용사

부사

전치사

접속사

시제

조동사

부정사

동명사

분사

수동태

관계사

비교

가정법

부록

 a/an은 정해지지 않은 가장 일반적인 것을 가리키는 명사 앞에 쓰이는 부정관사이며, the는 굳이 말하지 않아도 알 수 있는 것 등 특별하게 정해진 명사를 가리키는 정관사이다.

2 **한개의, 하나의**   여기서의 a는 one의 뜻으로 '하나' 를 나타낸다.

> 나무 한 그루, 즉 하나를 말한다.
>
> ## There is a tree over there.

저기에 나무 한그루가 있다.

3 a/an 은 '한 개의, 하나의' 라는 뜻이므로, **복수명사 앞에 쓸 수 없다.**

> There are three books on the desk.
>
> There are a three books on the desk.

책상 위에 책이 세 권 있다.

a/an 한개의, 하나의

• there is / are~   ~(들)이 있다

21

2. 정관사 the

정해져 있거나 서로 알고 있는 특정한 명사 앞에 the를 쓴다.

定冠詞

1 대표적인 성질　단수, 복수, 셀 수 없는 명사 등의 <u>정해져 있는 특정한 것</u>을 나타낸다.

car　　　(바로 그)차

the + cars　　　(바로 그)차들

salt　[셀 수 없는 명사]　　(바로 그)소금

2 이미 언급된 명사를 가리킬 때　앞에 나왔던 명사를 다시 한번 뒤에서 언급할 때 사용한다.

> She has <u>a son</u>.
> <u>The son</u> is fourteen years old.

그녀는 아들이 한 명 있다.
그 아들은 14살이다.

3 상황으로 보아 무엇을 가리키는지 서로 알 때

> Could you pass me the salt?

소금 좀 건네 주시겠어요?

・son　아들　　・fourteen　14　　・pass　건네다　　・salt　소금

명사

관사

대명사

동사

형용사

부사

전치사

접속사

시제

조동사

부정사

동명사

분사

수동태

관계사

비교

가정법

부록

4 **세상에 하나밖에 없는 대상을 나타낼 때** 산·강·바다 등을 가리킨다.

the sun

the moon

the earth

5 **형용사의 최상급과 서수를 나타낼 때**

> It's the first snow.
>
> My father is the tallest in my family.

올해의 첫 눈이야.
우리 아버지는 가족 중에서 가장 키가 크다.

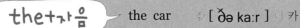

알아도
다시 한 번

the 의 발음

자음 앞에서는 [더]로 발음, 모음 앞에서는 [디]로 발음한다.

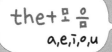 → the car ⟡ [ðə kaːr] 더 카

the+모음
a,e,i,o,u → the earth ⟡ [ðiːərθ] 디 어쓰

• first 처음의   • tallest tall 큰 의 최상급

23

3. 관사를 생략하는 경우

명사앞에는 관사를 쓰는 것이 일반적이지만, 생략해야 하는 경우도 있다.

1 상대방을 부르는 말

> See you next class, sir.

선생님, 다음 시간에 뵙겠습니다.

- Mom, where are you?

  엄마, 어디 있어요?

2 단어가 본래의 목적으로 쓰일 때

> Tom went to school.
>
> Tom went to the school.

탐은 학교에 갔다.　　공부하러

탐은 학교에 갔다

공부 이외의 목적으로

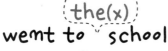

• next class 다음 시간　　• went go 가다 의 과거형

③ 나라이름, 사람이름

Sharon is from **the(x)** France.

샤론은 프랑스 출신이다.

④ 운동 경기, 식사, 계절

My hobby is playing **the(x)** soccer.

내 취미는 축구하는 것이다.

- I've just eaten lunch.
  나는 방금 점심을 먹었다.

- I like spring.
  나는 봄을 좋아한다.

have **the(x)** lunch

⑤ 교통이나 통신 수단을 나타낼 때

the(x) by taxi 택시로

the(x) on foot 걸어서

알아도
다시 한 번

관사의 생략

 a an the ⇨

· 상대방을 부르는 말
· 나라이름, 사람이름
· 운동 경기, 식사, 계절
· 교통, 통신 수단…

- hobby 취미　　· soccer 축구　　· eaten eat 먹다의 과거분사형

명사
관사
대명사
동사
형용사
부사
전치사
접속사
시제
조동사
부정사
동명사
분사
수동태
관계사
비교
가정법
부록

관사 를 바로 써 먹는 회화문

Do you need an umbrella?
부정관사 우산 필요하니?

I have a headache. 부정관사
머리가 좀 아파.

What a gorgeous woman! 부정관사
저 여자 끝내 주는데!

어디_어디! -,-

I enjoyed the movie.
Who is the director? 정관사
영화 너무 재밌었어. 감독이 누구야?

I have a cat. 부정관사
The cat always scratches me. 정관사
나는 고양이를 한 마리 키우는데, 항상 나를 할퀴어.

Can you play the guitar? 정관사
기타 칠 줄 알아?

Where is the bathroom?
정관사　　화장실이 어디죠?

내가 먼저 가겠어~

Would you turn down the volume?
정관사 소리 좀 줄여 주시겠어요?

Look at the rising sun.
정관사 해 뜨는 것 좀 봐.

I bought the most expensive ring in that shop yesterday. 정관사
어제 저 가게에서 제일 비싼 반지를 샀어.

unit 3

대명사

인칭 대명사란?

사람을 가리키는 대명사이다.

바로 써 먹는 **실제회화**

 Is this golden ax yours?
이 금도끼가 너의 것이냐?

 No, it's not mine.
아니요, 그것은 제 것이 아니에요.

 Then... (Showing a bronze ax) Is this yours?
그러면... (쇠도끼를 보여주며) 이것이 너의 것이냐?

 Yes, it's mine.
네, 제 것입니다. .

---

1. 인칭

1, 2, 3인칭으로 나뉘며, 각각의 인칭에는 단수와 복수가 있다.

1 1인칭 나, 저, 말하는 사람 : 1인칭 주어 I는 항상 대문자로 쓴다.

I

we

 단수 나=I

복수 우리=we

• golden 금으로 된, 금빛의　　• ax 도끼　　• bronze 청동의

명사

관사

대명사

동사

형용사

부사

전치사

접속사

시제

조동사

부정사

동명사

분사

수동태

관계사

비교

가정법

부록

KEY POINT 인칭대명사는 1인칭, 2인칭, 3인칭으로 나뉜다. 말하는 사람을 1인칭, 말을 듣는 사람을 2인칭, 그 외의 사람을 3인칭이라 한다.

2 **2인칭**   말을 듣는 상대방

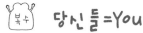
You는 단수일 때 복수일 때 형태가 같다.

you

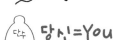
단수 당신=You

you

당신들=You

3 **3인칭**   1, 2인칭을 제외한 그 밖의 사람

he   she   they

단수 그=he

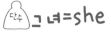
단수 그녀=she

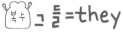
복수 그들=they

인칭대명사의 특징

알아도 다시 한 번

❶ 1인칭 I는 항상 대문자로 쓴다.

❷ 2인칭 you는 단수, 복수 모양이 같다.

❸ 3인칭 대명사는 남성은 he, 여성은 she이다.

2. 격변화

인칭대명사는 주격, 소유격, 목적격이 있다.

1 인칭 대명사의 격변화   인칭대명사는 격에 따라 형태가 달라진다

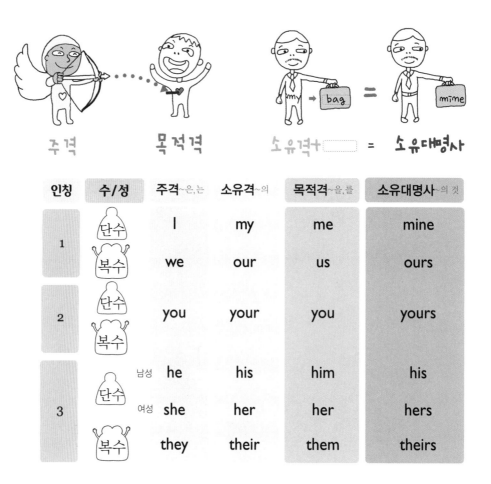

주격   목적격   소유격+□ = 소유대명사

인칭	수/성	주격~은,는	소유격~의	목적격~을,를	소유대명사~의 것
1	단수	I	my	me	mine
	복수	we	our	us	ours
2	단수	you	your	you	yours
	복수				
3	단수 남성	he	his	him	his
	단수 여성	she	her	her	hers
	복수	they	their	them	theirs

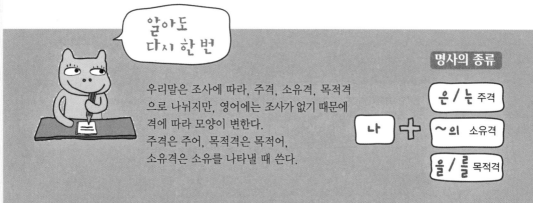

알아도
다시 한 번

우리말은 조사에 따라, 주격, 소유격, 목적격
으로 나뉘지만, 영어에는 조사가 없기 때문에
격에 따라 모양이 변한다.
주격은 주어, 목적격은 목적어,
소유격은 소유를 나타낼 때 쓴다.

명사의 종류

은 / 는 주격

나 ＋ ~의 소유격

을 / 를 목적격

명사

관사

대명사

동사

형용사

부사

전치사

접속사

시제

조동사

부정사

동명사

분사

수동태

관계사

비교

가정법

부록

3. 재귀대명사   주어를 강조할 때 주어 뒤에 쓴다.

1 소유격/목적격 + self   자기 스스로, 자기 자신

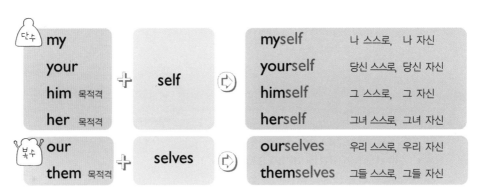

myself	나 스스로, 나 자신
yourself	당신 스스로, 당신 자신
himself	그 스스로, 그 자신
herself	그녀 스스로, 그녀 자신
ourselves	우리 스스로, 우리 자신
themselves	그들 스스로, 그들 자신

- I made this cake by myself.   내가 직접 이 케익을 만들었다.

- He killed himself.   그는 자살했다. 그는 그 자신을 죽였다

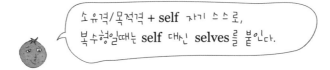

소유격/목적격 + self 자기 스스로,
복수형일때는 self 대신 selves를 붙인다.

Self-Service 셀프서비스

셀프서비스는 서비스의 일부를 고객이 직접 하는 것으로, 슈퍼마켓에서 고객이 상품을 선택한 다음 스스로 계산대까지 운반하거나, 식당에서는 손님이 직접 카운터로 주문한 음식을 가지러 가는 것을 말한다. 이 외에 의복점, 세탁소, 주유소, 카페테리아, 주차장 등에서도 흔히 볼 수 있다. 셀프서비스는 고객이 직접 서비스하는 만큼의 비용을 전체 서비스비용에서 할인해 준다.

- **made** make 만들다 의 과거형

지시 대명사란?

사람 이외의 사물이나 장소, 상황 등을 나타낸다.

 Whose pants are **these**?
이것은 누구 바지야?

 They belong to Sam.
샘꺼야.

 They're very dirty.
너무 더럽군.

 Yeah, his pants are always dirty.
그래, 그의 바지는 항상 더러워.

1. this와 that

this는 거리상, 시간상 자신과 가까운 것을 가리키고, that은 먼 것을 가리킨다.

1 this와 that 가까운 것은 this, 먼 것은 that이다.

> This is a dog.
> That is a cat.

이것은 개이다.

저것은 고양이이다.

32

• whose 누구의　　　• belong to ~에 속해 있다, ~의 것이다.　　　• dirty 더러운

명사
관사
대명사
동사
형용사
부사
전치사
접속사
시제
조동사
부정사
동명사
분사
수동태
관계사
비교
가정법
부록

뜻	단수	복수
이것(들)	this	these
저것(들)	that	those
그것(들)	it	they

2 복수형 these와 those this의 복수는 these, that의 복수는 those이다.

These **are dogs.**

Those **are cats.**

이것들은 개이다.

저것들은 고양이이다.

날씬한 몸을 위해

those

these

this o these

that o those

2. it과 one it은 확실히 정해진 것을 가르키는 지시 대명사, one은
확실히 정해지지 않은 것을 가리키는 부정 대명사이다.

1 **it 그것** 사물을 콕 찍어 가리키는 지시 대명사이다.

> It is a cellular phone.   그것은 핸드폰이다.
>
> They are cellular phones.   그것들은 핸드폰이다.

it

they

2 **they 그것들, 그들** 복수로 쓰일 때는 **1** 사물과 **2** 사람을 가리킨다.

1 사물

2 사람

그것들 ⬅ **they** ➡ 그들

it의 복수형

알아도
다시 한 번

it의 특별한 쓰임

it은 날씨, 시간, 요일, 날짜 등을 나타낼 때, 가짜 주어 비인칭 주어로 쓰인다.
이 때는, it을 그것이라고 해석하지 않는데 주의!

날씨	It is cold.	추워요.
시간	It is ten o'clock.	10시에요.
요일	It is Sunday.	일요일이에요.
날짜	It is May 1st.	5월 1일이에요.

날씨
시간
날짜
요일… ➡

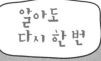

명사

관사

대명사

동사

형용사

부사

전치사

접속사

시제

조동사

부정사

동명사

분사

수동태

관계사

비교

가정법

부록

3 **one** 확실하게 정해지지 않은 대상을 가리키는 <u>부정대명사</u>이다.

- **사람을 대신하는 one** 일반적인 사람을 뜻한다.

> ## One should do one's best.

사람들은 최선을 다해야 한다.

- **사물을 대신하는 one** 여러개의 사물 중 일반적인 하나를 말한다.

> ## I need a pen. Do you have one?

펜이 하나 필요한데, 펜 가지고 있어요?

it과 one의 차이

it과 one은 둘 다, 앞에 나온 명사를 가리키지만, it은 확실하게 정해진 것을 가리키고, one은 특별히 정해지지 않은 것을 가리킨다.

• **need** 필요하다

대명사 를 바로 써 먹는 **회화문**

How old is he? 3인칭 대명사

그 사람 몇 살이니?

I'm so sorry. It was a mistake.

1인칭, 3인칭

정말 미안해. 그건 실수였어.

You should watch that movie.
I was really moved.

2인칭, that, 1인칭

너 저 영화 봐 봐. 진짜 감동적이야.

My car is here. Where is yours?

소유격, 소유대명사

내 차는 여기 있는데, 네 차는 어딨니?

When can we get together? 1인칭 복수

우리 언제 만날까?

Help yourself. 재귀대명사

많이 드세요..

I read some books. They were fun.

1인칭, 지시대명사 복수형

책을 몇 권 읽었는데, 재밌더라.

This is a gift for you. 지시대명사, 목적격

이거 네 선물이야.

These pants are too tight.

지시대명사 복수형

이 바지는 너무 꽉 끼어요.

I lost my bag so I have to buy a new one. 주격, 소유격, 부정대명사

가방을 잃어 버려서 새 것을 하나 사야 해.

unit 4

동사

be 동사란?

기본 형태동사원형이 be라서 be동사로 불린다. 일반 문장에서는 be라고 쓰이는 경우보다는 I am, You are, He is처럼 주어에 따라 모양이 바뀐다.

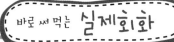

바로 써 먹는 실제회화

 What is your name?
이름이 무엇입니까?

 My name is James Brown.
제임스 브라운입니다.

 Where are you from?
어디에서 오셨습니까?

 I'm from Toronto.
토론토에서 왔습니다.

1. 형태

주어에 따라 형태가 달라진다.

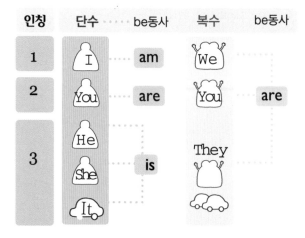

인칭	단수	be동사	복수	be동사
1	I	am	We	
2	You	are	You	are
3	He She It	is	They	

· 말하는 사람을 1인칭, 듣는 사람을 2인칭이라 한다.
· 말하는 사람과 듣는 사람을 제외한 사람과 사물을 3인칭이라 한다.

· be from~ ~출신이다

be 동사는 주로 상태를 나타낸다.
「∼이다, ∼하다, ∼이 되다」로 해석된다.

1 주어가 1인칭일 경우

 I am a teacher.

나는 선생님이다.

We are good friends.
우리는 좋은 친구이다.

2 주어가 2인칭일 경우

 You are a teacher.　　　당신은 선생님이다.

 Are you teachers?
당신들은 선생님입니까?

명사

관사

대명사

동사

형용사

부사

전치사

접속사

시제

조동사

부정사

동명사

분사

수동태

관계사

비교

가정법

부록

3 주어가 3인칭일 경우

 He is a teacher.　　　　그는 선생님이다.

- **She is thin.**
  그녀는 날씬하다.
- **It is Tom's bag.**
  그것은 탐의 가방이다.

She **is** thin

 = 🧍

 They are new bags.　　　　그것들은 새 가방들이다.

- **They are brothers.**
  그들은 형제이다.

They **are** new bags
= 👜👜

주어 + be 동사는 줄여서 나타낼 수 있다.

알아도
다시 한 번

He is	⊙	He's
I am	⊙	I'm	She is	⊙	She's
we are	⊙	we're	It is	⊙	It's
You are	⊙	You're	They are	⊙	They're

• thin　얇은, 날씬한

명사

관사

대명사

동사

형용사

부사

전치사

접속사

시제

조동사

부정사

동명사

분사

수동태

관계사

비교

가정법

부록

2. 과거형   주어에 따라 be동사의 과거형이 다르다.

1 주어 + was/were   ~이었다

 I was a teacher.   나는 선생님이었다.

- You were a doctor.
  당신은 의사였다.

- She was cute.
  그녀는 귀여웠다.

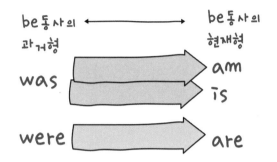

be동사의 과거형 ←→ be동사의 현재형

was → am
was → is
were → are

3. 미래형   주어 다음에 미래를 나타내는 will을 쓰고 be를 쓴다.

1 주어 + will + be   ~이 될 것이다

I ↑ am a lawyer. ⟹ I will be a lawyer.
  will

나는 변호사가 될 것이다.

- He will be a lawyer.   그는 변호사가 될 것이다.

- They will be lawyers.   그들은 변호사가 될 것이다.

will 다음에는 항상 동사원형이 오며,
am · are ·is의 동사원형은 be이다.

• cute   귀여운   • lawyer   변호사

4. 부정문   be 동사 뒤에 not을 붙인다.

1 주어 + be 동사 + not   ~가 아니다, ~하지 않다

긍정문 I am a teacher.   나는 선생님이다.

부정문 I am ⌃ a teacher.   나는 선생님이 아니다.
         not

- You are not stupid.   너는 어리석지 않다.

- He   is not a student.   그는 학생이 아니다.

- She is not kind.   그녀는 친절하지 않다.

알아도
다시 한 번

be동사 + not 은 줄여서
나타낼 수 있다.

is ⟩ not ➡ isn't   was ⟩ not ➡ wasn't

are ⟩ not ➡ aren't   were ⟩ not ➡ weren't

• stupid 어리석은   • kind   친절한

명사

관사

대명사

동사

형용사

부사

전치사

접속사

시제

조동사

부정사

동명사

분사

수동태

관계사

비교

가정법

부록

5. 의문문 be 동사와 주어의 자리를 서로 바꾸어, be 동사를 문장 맨 앞에 놓는다.

1 be 동사 + 주어 ~? ~입니까? ~하나? ~되나?

그녀는 테니스 선수입니다.
그녀는 테니스 선수입니까?

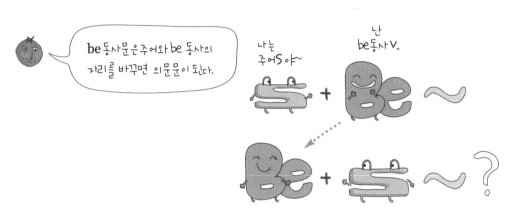

be 동사문은 주어와 be 동사의 자리를 바꾸면 의문문이 된다.

나는 주어 S야~

난 be동사 V.

• He is from Canada. 그는 캐나다에서 왔다.

➡ Is he from Canada? 그는 캐나다에서 왔나요?

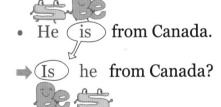

• be from ~출신이다 • Canada 캐나다 국명

6. There is/are~

1 There is + 단수명사 ~이 하나 있다

There is **a pen on the desk.**
단수

책상 위에 펜이 하나 있다.

There is + 단수 명사

There is
a pen
on the desk.

2 There are + 복수명사 ~이 여러 개 있다

There are **many candies in the box.**
복수

상자 안에 사탕이 많이 있다.

There are + 복수 명사

There are
many candies
in the box.

알아도
다시 한 번

There+be동사

There는 형식적인 주어이고, **be** 동사 뒤에 오는 명사가 실제 주어이므로,
이 명사에 따라 **be** 동사가 결정된다. **pen**은 하나이기 때문에 단수동사 **is**
를, 사탕은 여러개이므로 복수동사 **are**을 썼다.

3 There is/are + not   ~이 없다

There is a pen on the desk.
There are   many candies in the box.
not

책상 위에 펜이 없다.
상자 안에 사탕이 많이 없다.

be 동사 뒤에 not을 붙인다.

There is/are + not

4 Is/Are there ~?   ~이 있나요?

Is there a pen on the desk ?
단수
Are there any candies in the box ?
복수

책상 위에 펜이 있습니까?
상자 안에 사탕이 있습니까?

There is/are~

Is/Are there ~ ?

의문문은 There와
be 동사의 자리를 바꾼다.

명사
관사
대명사
동사
형용사
부사
전치사
접속사
시제
조동사
부정사
동명사
분사
수동태
관계사
비교
가정법
부록

일반 동사란?

주어의 동작이나 행동을 나타내는 동사로,
be 동사를 제외한 나머지 동사를 말한다.

바로 써 먹는 **실제회화**

 What do you do?
당신은 직업이 무엇입니까?

 I'm a reporter. I work at the New York Times.
기자예요. 뉴욕 타임즈에서 일해요.

 Do you like your job?
당신은 당신의 일을 좋아하세요?

 Yes, I love my job.
네, 저는 제 일을 사랑합니다.

1. 형태

1, 2인칭일 때와 복수일 때는 동사원형을 쓴다. 주어가 3인칭 단수 현재형일 때만 동사 끝에 –(e)s를 붙인다.

 She eats bananas.   그녀가 바나나를 먹는다.

 I eat bananas.   내가 바나나를 먹는다.

 They eat bananas.   그들이 바나나를 먹는다

He, She, It(3인칭인 경우)   동사원형

• job 직업, 일   • eat 먹다

 **KEY POINT** 일반동사는 **eat** 먹다, **drink** 마시다, **see** 보다, **work** 일하다, **study** 공부하다 와 같이 주어의 동작이나 행동을 나타낸다.

명사
관사
대명사
동사
형용사
부사
전치사
접속사
시제
조동사
부정사
동명사
분사
수동태
관계사
비교
가정법
부록

2. 3인칭 단수 현재형   동사 끝의 철자에 따라 형태가 달라진다.

1 대부분의 동사   동사원형에 s를 붙인다

work ⇨ workⓈ   love ⇨ loveⓈ

3인칭 단수	He	그는
▶▶ p29참조	She	그녀는
	It	그것은

2 s, sh, ch, x, o로 끝나는 동사   동사원형에 es를 붙인다

wash ⇨ washⓔⓈ   catch ⇨ catchⓔⓈ

• work   일하다   • wash   씻다   • catch   잡다

3 자음 + i + es 자음 + y로 끝나는 동사는 i로 바꾸고 es를 붙인다

fly   ⇨   flies

cry   ⇨   cries

marry   ⇨   marries

study   ⇨   studies

4 모음 + y로 끝나는 동사 동사원형에 s를 붙인다

play   ⇨   plays

buy   ⇨   buys

say   ⇨   says

enjoy   ⇨   enjoys

5 have 동사 have를 has로 바꾼다

have   ⇨   has

| • fly | 날다 | • cry | 울다 | • marry | 결혼하다 | • play | 놀다 |
| • buy | 사다 | • say | 말하다 | • enjoy | 즐기다 | • have | (가지고)있다 |

명사

관사

대명사

동사

형용사

부사

전치사

접속사

시제

조동사

부정사

동명사

분사

수동태

관계사

비교

가정법

부록

3. 부정문

동사 앞에 do not을 붙인다. 주어가 3인칭 단수이면 does not을 붙인다.

1 주어 + do/does not + 동사원형   ~하지 않다

> I don't need an umbrella.
> She doesn't need an umbrella.

나는 우산이 필요없다.

그녀는 우산이 필요없다.

주어 + does / doesn't + not + 동사 원형

4. 의문문

Do/Does가 주어 앞에 위치하고, 주어 다음에 동사원형을 쓴다.

1 Do/Does + 주어 + 동사원형~?   ~합니까?

> Do you live in Seoul?
> Does he live in Seoul?

당신은 서울에 삽니까?

그는 서울에 삽니까?

2인칭현재
You live im Seoul.
Do you live im Seoul?

3인칭현재
He lives im Seoul.
Does he live im Seoul?

• need 필요로 하다

동사 를 바로 써 먹는 회화문

I'm on a diet. be 동사 현재
나 다이어트 중이야.

My birthday is coming soon. be 동사 현재 곧 내 생일이야..

You were lucky.
be 동사 과거

넌 운이 좋았어.

Is it delicious? be 동사 의문문
이거 맛있니?

We are not free on Friday evening.
be 동사 부정문

우리는 금요일 저녁에 시간 없는데.

There are four people in my family.
There are

우리 가족은 네 명이에요.

I think Michelle likes you. 일반동사 현재
내가 보기엔 미쉘이 널 좋아하는 것 같아.

Harry loves Sally but she doesn't love him. 일반동사 현재와 부정문

해리는 샐리를 사랑하지만 샐리는 해리를 사랑하지 않아.

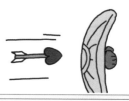

Do you want to go out for lunch?
일반동사 의문문 점심 나가서 먹을까?

Your sister doesn't look like you.
일반동사 부정문

네 여동생은 너랑 안 닮았어.

unit 5

형용사

형용사란?

명사를 꾸며 주는 말로 명사의 성질, 모양, 개인적 견해, 색깔, 크기 등을 나타낸다.

바로 써 먹는 **실제회화**

 Do you know Phuket?
너 푸켓 알어?

 Sure. I was there last summer.
물론이지. 작년 여름 거기에 갔었어.

 It's a beautiful and fantastic island.
아름답고 환상적인 섬이지.

 I think so. The beach is excellent.
나도 그렇게 생각해. 해변이 정말 좋더라.

1. 성상형용사

사람이나 사물의 성질이나 상태를 나타내는 형용사이다.

Tom lives in a { nice } house.

탐은 멋진 집에서 산다.

• This bag is very old.

이 가방은 매우 낡았다

성상 형용사 = 성질 · 상태

형용사는 명사를 꾸며 주는 수식어의 대표주자이다

• live 살다　　• old 낡은, 늙은, 오래된

KEY POINT 형용사는 명사나 대명사의 앞이나 뒤에 놓여 명사를 꾸며 주기도 하고, 주어나 목적어를 보충 설명해 주기도 한다.

명사

관사

대명사

동사

형용사

부사

전치사

접속사

시제

조동사

부정사

동명사

분사

수동태

관계사

비교

가정법

부록

2. 지시형용사   지시대명사가 형용사 역할을 한다.

{That} **mountain is very high.**   저 산은 매우 높다.

that 👉

mountain

• **My father fixed this bicycle.**

우리 아버지가 이 자전거를 고치셨다.

bicycle

👉 this

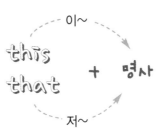

this
that   + 명사

이~

저~

• mountain 산   • fix 고치다   • bicycle 자전거

53

3. 수량형용사 수나 양을 나타내는 형용사로, 기수와 서수라는 수사가 있다.

1 기수로 읽는 숫자

> **기수** 하나, 둘, 셋처럼 기본이 되는 수
> one 1, two 2, three 3, four 4..

- **전화번호** 한자리씩 읽는다. 0은 **o**[ou]나 **zero**라고 읽는다

nine　six　seven　　o　five　eight　six

$$9\ 6\ 7\ -\ 0\ 5\ 8\ 6$$

- **시간** 시, 분 순서로 읽는다

07 : 35 7시 35분

seven　　thirty five

- **연도** 두 자리씩 나눠서 읽는다

twenty │ eighteen
20 │ 18　　　　2018년

nineteen │ eighty eight
19 │ 88　　　　1988년

two thousand
2000　　　　2000년

2 서수로 읽는 숫자

서수	첫째, 둘째, 셋째처럼 차례를 나타내는 수 first 1st, second 2nd, third 3rd, fourth 4th...

• 날짜

월, 일 순서로 읽는다

7월 3일	July third
7월 21일	July twenty first

July 7월
third 3일

• 분수

분자, 분모 순서로 읽고, 분자가 2이상일 경우에는 분모에 s를붙인다

1 / 4	one fourth
2 / 4	two fourths

$$\frac{2}{4} = \frac{\text{two}}{\text{fourths}}$$

분자 = 기수

분모 = 서수 + s

분자가 2이상일때
s를 붙인다.

명사

관사

대명사

동사

형용사

부사

전치사

접속사

시제

조동사

부정사

동명사

분사

수동태

관계사

비교

가정법

부록

4. 부정수량형용사
정해지지 않은 수를 나타내는 형용사이다.

1 수 형용사 + 셀 수 있는 복수명사

I have {many} books.

나는 많은 책을 가지고 있다.

- She has a few books.

그녀는 책을 몇 권 가지고 있다.

- He has few books.

그는 책을 거의 가지고 있지 않다.

many
a few   +   books
few

2 양 형용사 + 셀 수 없는 명사

I have {much} money.

나는 많은 돈을 가지고 있다.

- She has a little money.

그녀는 돈이 조금 있다.

- He has little money.

그는 돈이 거의 없다.

much
a little   +   money
little

알아도
다시 한 번

부정수량형용사

❶ 수를 나타내는 형용사 + 셀 수 있는 복수명사
   many 많은   a few 조금 있는   few 거의 없는

❷ 양을 나타내는 형용사 + 셀 수 없는 명사
   much 많은   a little 조금 있는   little 거의 없는

명사

관사

대명사

동사

형용사

부사

전치사

접속사

시제

조동사

부정사

동명사

분사

수동태

관계사

비교

가정법

부록

③ 수/양에 모두 쓰이는 형용사 + 셀 수 있는 복수명사
셀 수 없는 명사

I have {some} books.   나는 책을 몇 권 가지고 있다.

• She doesn't have any money.   그녀는 돈이 없다.

• He has a lot of money.
  =He has lots of money.   그는 돈이 많다.

some
any   a lot of
           lots of

+

셀 수 있는 복수명사
셀 수 없는 명사

③ 수/양에 모두 쓰이는 형용사 + 셀 수 있는 복수명사/셀 수 없는 명사
  some 약간 ~있다   긍정의 의미
  any   거의 ~없다   부정의 의미
  a lot of = lots of 많은, 많이

5. 용법   한정적 용법과 서술적 용법이 있다.

5.1 한정적 용법   명사의 앞이나 뒤에서 명사를 꾸며 준다.

1 형용사 + 명사   대부분의 형용사는 명사 앞에 온다

나는 새 신발을 가지고 있다.

- Kate is a kind girl.

케이트는 친절한 소녀이다.

- She has a big mouth.

그녀는 입이 크다.

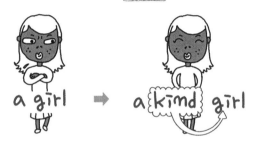

2 ~thing + 형용사   ~thing으로 끝나는 명사는 형용사가 명사 뒤에 놓인다

I ate something {strange} yesterday.

나는 어제 이상한 것을 먹었다.

- Can you get me anything cold to drink?

차가운 (마실) 것 좀 가져다 주실래요?

• big 큰   • mouth 입   • something 무엇인가   • strange 이상한

명사

관사

대명사

동사

형용사

부사

전치사

접속사

시제

조동사

부정사

동명사

분사

수동태

관계사

비교

가정법

부록

5.2 서술적 용법   형용사가 주어나 목적어를 보충 · 설명 한다.

1 주어를 설명   형용사가 주어의 상태를 설명한다

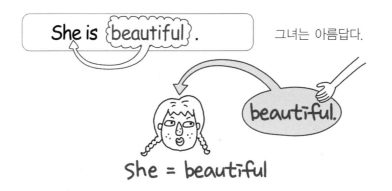

She is {beautiful}.   그녀는 아름답다.

She = beautiful

- This ring is very cheap.
- Your car is nice.

이 반지는 매우 싸다.

당신 차가 멋지네요.

2 목적어를 설명   형용사가 목적어의 상태를 설명한다

He made me {angry}.   그가 나를 화나게 했다. me = angry

- The news made her sad.

그 소식은 그녀를 슬프게 했다. her = sad

• cheap 싼   • angry 화난   • sad 슬픈

59

You have blue eyes. 성상형용사

네 눈은 파란색이네.

It's a súnny day. 성상형용사

화창한 날씨네요.

That girl is my daughter.

지시형용사 저 소녀가 내 딸이에요.

It's five. 기수 5시예요.

Today is May 1st. 서수

오늘은 5월 1일이예요.

That's something new to me.

한정적 용법 금시초문인데.

I'm fat so I decided to be on a diet.

서술적 용법 뚱뚱해서 다이어트 하기로 결심했어.

How many people are there in your family? 수 형용사

가족은 몇 명이예요?

I drank much coffee last night.

양 형용사 어젯밤에 커피를 너무 많이 마셨나 봐.

I have made some cookies.

수/양 형용사 과자를 좀 만들었어요.

unit 6

부사

부사란?

문장의 필수 성분은 아니지만 동사, 형용사, 부사 또는 문장 전체의 의미를 좀 더 분명하게 해 준다.

바로 써 먹는 **실제회화**

 Sharon, that's a beautiful dress.
That suits you **well**.

샤론, 멋진 드레스네요. 당신에게 아주 잘 어울려요.

 Thank you **very much**. I made it by myself.

정말 고마워요. 제가 직접 만들었어요.

 Really? I can't believe it.

정말이요? 믿을 수가 없어요.

1. 역 할   동사, 형용사, 부사, 문장 전체를 꾸민다.

동사   형용사   부사   부사   문장전체

1 동사를 꾸며 준다

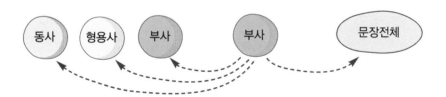 그는 매일 열심히 공부한다.

• hard   열심히

KEY POINT 부사는 동사나 형용사, 다른 부사 또는 문장 전체의 뜻을 명확하게 해 준다.

명사
관사
대명사
동사
형용사
부사
전치사
접속사
시제
조동사
부정사
동명사
분사
수동태
관계사
비교
가정법
부록

② 형용사를 꾸며 준다

It was { really } hot.

날씨가 정말 더웠다.

really

It was hot.
형용사

③ 다른 부사를 꾸며 준다

Thank you { very } much.

감사합니다.

very + much
x2배로 감사드려요
부사

④ 문장 전체를 꾸며 준다

{ Fortunately } my fever was gone.

다행히도 열이 내렸다.

• fortunately 다행히   • hot 뜨거운   • fever 열   • gone go 가다의 과거분사

2. 위 치   부사는 꾸며 주는 말의 앞이나 뒤에 온다.

1 형용사나 부사를 수식 할 때   그 말의 바로 앞에 위치한다

It's { very } cold. 형용사   매우 춥다.

- My dog swims very well. 부사   우리 개는 수영을 매우 잘 한다.

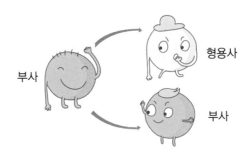

형용사

부사

부사

2 빈도부사   be 동사/조동사 뒤에, 일반동사 앞에 위치한다

일반동사 Rose { always } has 일반동사 breakfast at seven.

로즈는 항상 7시에 아침식사를 한다.

- Brian is often sick. be동사   브라이언은 종종 아프다.

- Serah has never seen snow. 조동사   사라는 눈을 본 적이 없다.

be동사
조동사   일반동사

부사

수식   수식

• have breakfast 아침식사하다   • often 종종   • never 한번도 ~하지 않다   • always 항상

3 **시간을 나타낼 때** 문장의 맨 앞이나 맨 뒤에 위치한다

어제 우리팀이 경주에서 이겼다

- **He didn't sleep** last night.
  그는 어젯밤에 잠을 자지 못했다.

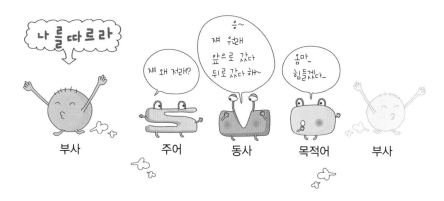

4 **문장 전체를 꾸며 줄 때** 문장의 맨 앞이나, 동사의 앞에 위치한다

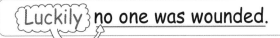

다행히 아무도 다치지 않았다.

- **I really want to visit to Hong Kong.**
  나는 정말로 홍콩에 가고 싶다.

- **won** win이기다 의 과거형   - **last night** 어젯밤
- **be wounded** wound 부상을 입다의 과거분사

3. 형태

1 **형용사 + ly = 부사** 대부분의 부사는 형용사에 ~ly를 붙여 만든다

> 조용한
> · **silent** ⇨ silently
> 주의깊은
> · **careful** ⇨ carefully
> 행복한
> · **happy** ⇨ happily
> 조용한
> · **quiet** ⇨ quietly

- They lived happily ever after. 그들은 평생 행복하게 살았다.

- I carefully listened to the engine.
  나는 주의깊게 엔진 소리를 들었다.

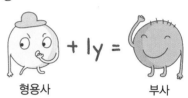

형용사   + ly =   부사

2 **부사와 형용사의 형태가 같은 경우**

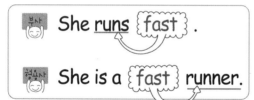

부사 She runs {fast}.   그녀는 빨리 달린다

형용사 She is a {fast} runner.   그녀는 빠른 달리기 선수다.

- He worked hard.   그는 열심히 일했다.
  동사   뒤   부사

- We did some hard work.   우리는 힘든 일을 했다.
  앞   명사   형용사

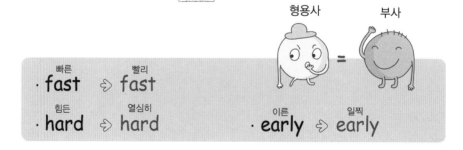

형용사   부사

> 빠른   빨리
> · **fast** ⇨ fast
> 힘든   열심히
> · **hard** ⇨ hard
> 이른   일찍
> · **early** ⇨ early

· silently 조용하게   · happily 행복하게   · carefully 조심스럽게

3 형용사 + ly = 전혀 다른 뜻의 부사   ly가 붙어서 형용사와는 전혀 다른 뜻의 부사가 된다.

I worked {hard} .   열심히   나는 열심히 일했다.

I {hardly} have any money.   나는 돈이 거의 없다.
거의~않다

cf. ┌ I often get up late.   늦게   나는 종종 늦게 일어난다.
     └ I've been feeling ill lately.   최근에   나는 최근에 아팠다.

열심히 **hard**
늦게 **late**   + ly =   **hardly** 거의 ~없다
                        lately 최근에

4 부사처럼 생긴 형용사   형용사 + ly가 부사가 아니라 형용사이다.

It was a {lively} party.   활기가 넘치는 파티였다.

• Michelle is a lovely girl.
미쉘은 사랑스러운 소녀이다.

+ ly =

형용사

부사처럼 생긴 형용사

live
love
~~friend~~   + ly =   **lively** 활기찬, 생생한
                       lovely 사랑스러운
                       friendly 정다운

• ill 아픈   • lively 활기찬   • lovely 사랑스러운   • friendly 친한, 정다운

명사
관사
대명사
동사
형용사
부사
전치사
접속사
시제
조동사
부정사
동명사
분사
수동태
관계사
비교
가정법
부록

4. 종류   시간, 장소, 정도, 빈도 등을 나타낸다.

1 시간 부사   now, then, early, late, before, tomorrow …

> We have met 〔before〕 ⬇ .

우리는 전에 만난 적이 있다.

- See you tomorrow.
  내일 보자.

2 장소 부사   here, there, near, far, out …

> Put your bag 〔here〕 ⬇ .

가방을 여기에 놓으세요.

- His office is near the J-Mart.
  그의 사무실은 J마트 근처이다.

3 정도 부사   very, much, enough, little, totally …

> Mathematics is 〔very〕 ⬇ difficult.

수학은 매우 어렵다.

- I'm totally serious.   나는 정말로 심각해.

- then   그 때
- Mathematics 수학
- there   거기에
- difficult   어려운
- near   가까이에
- totally   완전히
- far   멀리에

명사
관사
대명사
동사
형용사
부사
전치사
접속사
시제
조동사
부정사
동명사
분사
수동태
관계사
비교
가정법
부록

4 **방법 부사** slowly, quickly, rapidly, carefully, fluently…

He wrote a letter quickly .   그는 편지를 빨리 썼다.

- **I can speak English** fluently.
  나는 영어를 유창하게 할 수 있다.

5 **빈도 부사** always, usually, often, never, sometimes …

The bus doesn't usually stop here.

그 버스는 보통 이곳에 정차하지 않는다.

- **She is** always **late.**
  그녀는 항상 늦는다.

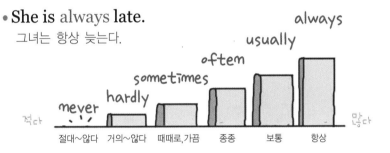

| never | hardly | sometimes | often | usually | always |

| 절대~않다 | 거의~않다 | 때때로,가끔 | 종종 | 보통 | 항상 |

적다 ～ 많다

p221 **빈도부사** 참조

6 **의문 부사** where, when, why, what, who, how …

Where do you live ?   당신은 어디에 삽니까?

- **How are you doing?**
  어떻게 지내세요?

Where do you live ?

- slowly　천천히　　• rapidly　빨리　　• usually　보통　　• often　종종

5. 주의해야 할 부사

1 very와 much   very는 형용사와 부사를 수식, much는 비교급을 수식

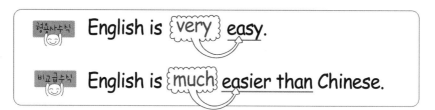

영어는 매우 쉽다.
영어는 중국어보다 훨씬 쉽다.

- **He is very big.** 그는 덩치가 크다.

- **She doesn't know how much I love her.**
  그녀는 내가 그녀를 얼마나 많이 사랑하는지 모른다.

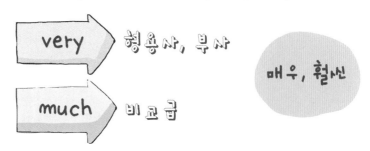

2 too와 either

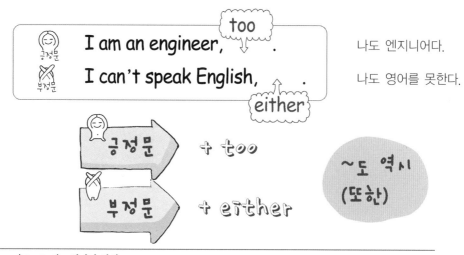

나도 엔지니어다.

나도 영어를 못한다.

• how much   얼마나 많이

3 ago와 before

I lived here two years **ago**. 나는 2년 전에 여기서 살았다.

I lived here **before**. 나는 전에 여기서 살았다.

2년전

ago 과거의 한 시점

before 과거,과거완료

과거의 시점부터 쭉~ !!

과거

명사

관사

대명사

동사

형용사

부사

전치사

접속사

시제

조동사

부정사

동명사

분사

수동태

관계사

비교

가정법

부록

알아도
다시 한 번

❶ too와 either
둘 다 「~도, ~역시」라는 뜻이지만, too는 긍정문에 either는 부정문에 쓰인다.

❷ ago와 before
둘 다 「~전에」라는 뜻이지만, ago는 과거를 나타내는 말과 함께 쓰여야 한다.
반면에 before는 단독으로 쓰일 수 있고, 과거나 과거완료시제와도 함께 쓸
수 있다.

71

부사 를 바로 써 먹는 회화문

What's the weather like today? 시간
부사
오늘 날씨 어때요?

Mary sings well. 정도 부사
메리는 노래를 잘 해요.

I make friends easily. 방법 부사
저는 쉽게 친구를 사귀어요.

I always try to smile. 빈도 부사
전 항상 웃으려고 노력해요.

Is there a bank near here?
장소 부사 이 근처에 은행 있어요?

When is your birthday? 의문 부사
생일이 언제예요?

Don't work too hard. 동사 수식
너무 무리하지 마세요.

Your apartment is very clean.
형용사 수식 아파트가 참 깨끗하네요.

I miss you so much.
부사 수식 네가 너무 보고 싶어.

Unfortunately Ann died from a plane crash. 불행히도 앤은 비행기 사고로 죽었어요.
문장전체 수식

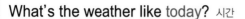

unit 7

전치사

전치사란?

명사, 대명사 또는 명사와 같은 역할을 하는 말 앞에 놓여 명사 다음의 말과의 관계를 나타낸다.

Where do you want to meet?
우리 어디에서 만날까?

How about my house?
우리 집 어때?

Ok. I'll come to your house by five.
좋아. 내가 5시까지 너희 집으로 갈께.

See you then.
그래, 그 때 보자.

1. 전치사의 목적어

전치사의 뒤에는 명사, 대명사, 동명사 등이 오는데, 이를 전치사의 목적어라 한다.

1 명사가 목적어인 경우

> **I bought some fruits** in this store.

나는 이 가게에서 과일을 샀다.

- **The sun rises** in the east.
  해는 동쪽에서 뜬다.

in → 전치사 + 명사 → this store

• **bought** buy사다의 과거형 • **store** 가게 • **rise** (해, 달, 별 등이) 뜨다 • **east** 동쪽

KEY POINT in, on, at과 같은 전치사들은 시간이나 장소를 모두 나타내기 때문에, 문맥에 맞게 전치사를 해석해야 한다.

명사

관사

대명사

동사

형용사

부사

전치사

접속사

시제

조동사

부정사

동명사

분사

수동태

관계사

비교

가정법

부록

2 대명사가 목적어인 경우

Jimmy went to the park with her.

지미는 그녀와 함께 공원에 갔다

전치사의 뒤에는 목적어가 오므로 인칭대명사의 목적격을 쓴다.

with she ➡ with her

with 전치사 + 대명사 her

3 동명사가 목적어인 경우

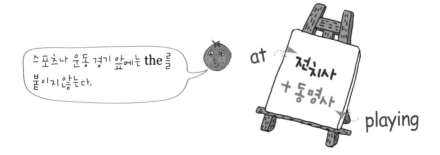

She is good at playing tennis.

그녀는 테니스를 잘 친다.

스포츠나 운동 경기 앞에는 the를 붙이지 않는다.

at 전치사 + 동명사 playing

• park 공원　　　• be good at ~를 잘 하다

2. 장소 전치사

1 in ~에 　도시, 나라 같은 비교적 넓은 장소나 지역

> Tom lives in New York.

탐은 뉴욕에 산다.

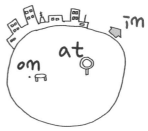

2 at ~에 　비교적 좁은 장소나 지점

> She is at the bus stop.

그녀는 버스 정류장에 있다.

3 on ~ 위에 　표면에 접촉해서

> The cup is on the table.

테이블 위에 컵이 있다.

4 beneath ~아래에 　표면에 붙어서

> There is a piece of gum beneath the table.

탁자 밑에 껌이 붙어 있다.

• bus stop 버스 정류장　　　• a piece of 한 조각의　　　• gum 껌

5 over ~위에   표면에서 조금 떨어진 위

> ### The sun rises up over the horizon.

해가 지평선 위로 떠 오른다.

6 above ~위에   over보다 더 위쪽

> ### The plane is above the clouds.

비행기가 구름 위로 난다.

7 under ~아래에   표면에서 조금 떨어진 밑

> ### I found 10 dollars under the sofa.

나는 소파 밑에서 10달러를 찾았다.

8 below ~아래에   under보다 더 아래쪽

> ### The temperature is below zero.

기온이 영하이다.

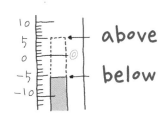

• horizon 지평선   • found find 찾다의 과거형   • clouds 구름   • temperature 온도, 기온

명사
관사
대명사
동사
형용사
부사
전치사
접속사
시제
조동사
부정사
동명사
분사
수동태
관계사
비교
가정법
부록

9 into ~안으로

> ## She jumped into the water.

그녀가 물 속으로 뛰어들었다.

10 out of ~밖으로

> ## He's getting out of the tent.

그가 텐트 밖으로 나오고 있다.

11 in front of ~앞에

> ## The bank is in front of the city hall.

은행은 시청 앞에 있다.

12 behind ~뒤에

> ## The cyclist is behind the bus.

버스 뒤에 자전거 타는 사람이 있다.

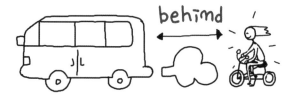

• jump 뛰어오르다　　• city hall 시청　　• cyclist 자전거를 타는사람

13 up ~위로

We climbed up to the mountain.

우리는 산으로 올라 갔다.

14 down ~아래로

He's going down the stairs.

그는 계단을 내려오고 있다.

15 by/beside ~의 옆에

He is standing by the tree.

그는 나무 옆에 서 있다.

16 next to ~의 옆에

She's sitting next to Joe.

그녀는 조 옆에 앉아 있다.

명사
관사
대명사
동사
형용사
부사
전치사
접속사
시제
조동사
부정사
동명사
분사
수동태
관계사
비교
가정법
부록

• climb 오르다　　　• mountain 산　　　• stairs 계단　　　• sit 앉다

3. 시간 전치사

1 **in 비교적 긴 시간** 년, 월, 계절, 세기, 아침, 저녁, 오후 등

> ### I take a walk in the morning with my dog.

나는 아침에 개를 데리고 산책을 한다.

in the morning

2 **on 특정한 날** 날짜, 요일, 특정한 날 등

> ### I go to church on Sunday.

나는 일요일에 교회에 간다.

3 **at 짧은 한 순간이나 시각**

> ### My wife always gets up at 6.

내 아내는 항상 6시에 일어난다.

4 **after ~후에**

> ### I'll go to see a movie after class.

수업 끝나고 영화 보러 갈거야.

• take a walk 산책하다   • church 교회   • always 항상   • go to see a movie 영화 보러 가다

명사

관사

대명사

동사

형용사

부사

전치사

접속사

시제

조동사

부정사

동명사

분사

수동태

관계사

비교

가정법

부록

5 **for ~동안에** 구체적인 시간의 길이가 나올 때

I'm staying in Italy for a year.

나는 이탈리아에서 일 년 동안 머무르고 있다.

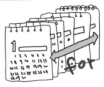

6 **during ~동안에** 특정기간이 나올 때

It's been snowy during the winter.

겨울 내내 눈이 왔다.

7 **by ~까지**   ~까지의 동작의 완료

She has to be home by 5 o'clock.

그녀는 5시까지 집에 가야 한다.

8 **until ~까지**   ~까지의 동작, 상태의 계속

She will be away until Monday.

그녀는 월요일까지 출장중일 것이다.

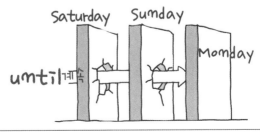

• stay 머물다　　• have to ~해야 한다　　• be away 출장중이다

4. 그 밖의 전치사

1 with ~을 가지고, ~와 함께

> **I cut the wood with the electric saw.**

나는 전기톱으로 나무를 잘랐다.

2 without ~없이

> **I can't live without you.**

나는 너 없이는 살 수 없어.

3 about ~에 대하여

> **I'll think about her.**

그녀에 대해 생각해 볼게.

4 by ~로 수단

> **Send it by airmail.**

항공우편으로 보내주세요.

• electric saw 전기톱　　• think 생각하다　　• send 보내다　　• airmail 항공우편

명사
관사
대명사
동사
형용사
부사
전치사
접속사
시제
조동사
부정사
동명사
분사
수동태
관계사
비교
가정법
부록

5 of ~의

> ## The last scene of the movie was so sad.

그 영화의 마지막 장면은 매우 슬펐다.

6 among ~사이에 셋 이상일 때

> ## The house is among the trees.

나무들 사이에 집이 있다.

7 between ~사이에 둘 일때

> ## It's a top secret between us.

이건 우리 둘 사이만 아는 비밀이야.

• last 마지막의　　　• scene 장면　　　• secret 비밀

전치사 를 바로 써 먹는 **회화문**

I've lived in L.A. since 2000.
장소 전치사   2000년부터 LA에 살고 있어요.

I was born in 2007. 시간 전치사
저는 2007년에 태어났어요.

I'll be at home tonight. 장소 전치사
오늘밤에는 집에 있을거야.

I work part time at night. 시간 전치사
저는 밤에 아르바이트를 해요.

Look at the picture on the wall.
It's beautiful. 장소 전치사
벽에 걸려 있는 그림 좀 봐 봐. 너무 예쁘다.

What are you going to do on Christmas? 시간 전치사
크리스마스에 뭐 할거야?

First, put your card into the slot.
장소 전치사 우선, 카드를 카드 넣는 곳에 넣으세요.

Please stand by me. 장소 전치사
제발 제 옆에 있어 주세요.

How about a drink after work?
시간 전치사 일 끝나고 술 한잔 어때?.

Wait for me until I get there.
시간 전치사 내가 거기 갈 때까지 기다려.

unit 8

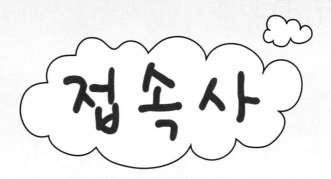

접속사

등위 접속사란?

대등한 관계에 있는 단어와 단어, 구와 구, 절과 절을 연결한다.

바로 써 먹는 **실제회화**

 You look pale. What's the matter?
얼굴이 창백해 보여. 무슨 일 있어?

 I have a cold **so** my body aches all over.
감기에 걸려서 온몸이 아파.

Fortunately, my fever was gone.
다행히 열은 내렸어.

 That's too bad. You'd better have some good sleep.
안됐구나. 충분한 수면을 취하는 게 좋을 것 같아.

1. 역할

1 단어와 단어를 연결

and

I need a pencil ⤳ an eraser.

나는 연필과 지우개가 필요하다.

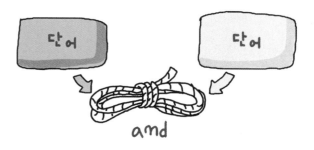

단어   단어

and

- **pale** 창백한   • **matter** 문제   • **ache** 아프다, 쑤시다   • **fever** 열
- **eraser** 지우개   • **gone** go가다의 과거분사

KEY POINT 대등한 관계의 말과 말을 이어주는 등위접속사에는 and, or, but, so, for 등이 있다.

② 구와 구를 연결

Would you like to stay <u>home</u> *or* <u>go out?</u>

집에 있고 싶어요, 나가고 싶어요?

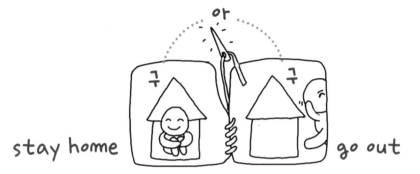

stay home   go out

③ 절과 절을 연결

The jacket was nice, *but* it was too small.

그 재킷은 멋있었는데, 너무 작았다.

주어+동사로 문장이 이루어진것을 절이라고 하지.

• go out 나가다, 외출하다   • jacket 재킷

2. 종류

1 **and** ~와, 그리고, 그러면

Mathematics is easy ↓and interesting.

수학은 쉽고 재미있다.

A and B
A와 B는 대등한 내용

• Study hard, and you'll pass the exam.

열심히 공부해라! 그러면, 시험에 합격할 것이다.

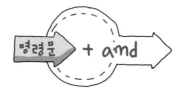

명령문 + and

~해라! 그러면 ~ 것이다.

2 **or** 또는, 그렇지 않으면

Please answer yes ↓or no. 예, 아니오로 대답해 주세요

• Hurry up, or you'll be late.

서둘러라! 그렇지 않으면 늦을 것이다.

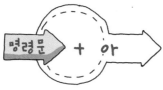

명령문 + or

~해라! 그렇지 않으면 ~ 할 것이다.

3 **but** 그러나

She is beautiful ↓but not kind.

A but B
A와 B는 상반되는 내용

그녀는 예쁘지만 친절하지는 않다.

• He can come to the party but I can't.

그는 파티에 갈 수 있지만 나는 갈 수 없다.

• mathematics 수학   • interesting 재미있는   • pass the exam 시험에 합격하다
• answer 대답하다

명사

관사

대명사

동사

형용사

부사

전치사

접속사

시제

조동사

부정사

동명사

분사

수동태

관계사

비교

가정법

부록

4 so   그래서, 그러므로

I felt sick ⌄ *so* I was absent from school.

나는 아파서 학교에 결석했다.

- There was no food in the house
  so we rang out for a pizza.

집에 음식이 하나도 없어서 피자를 시켰다.

5 for   왜냐하면

I can't go out ⌄ *for* it's raining.

나는 밖에 나갈 수 없다. 왜냐하면 비가 오기 때문이다.

- She doesn't drink coffee
  for it keeps her awake at night.

그녀는 커피를 마시지 않는다. 왜냐하면 밤에 잠이 오지 않기 때문이다.

> so와 for는 절과 절을 연결할 때만 사용한다.

알아도
다시 한 번

등위 접속사

명사와 명사, 구와 구, 절과 절 등을 연결해 주는 접속사를 등위 접속사라 한다.
and ~와 · 그리고, or ~또는, but ~지만 · 그러나 등이 있다.

and
or
but
…

명사
구
절

등위
접속사

명사
구
절

- be absent from 결석하다   - awake 깨어 있는

89

종속접속사란?

하나의 절이 다른 절에 속할 때 이를 이어 주는 접속사이다. 종속접속사가 이끄는 절에는 부사절과 명사절이 있다.

Hello, Sandra. This is Jack.
여보세요, 산드라. 나 잭이야.

I'm sorry, I can't leave the office yet.
미안한데, 지금 퇴근할 수 없어.

I ought to do something before I leave.
퇴근하기 전에 해야 할 일이 있거든.

Not at all. Come as soon as you've finished.
괜찮아. 끝나는대로 와.

1. 명사절을 이어주는 접속사

주어 + 동사로 이루어진 하나의 절이 다른 문장 속에 들어가 주어나 목적어, 보어 역할을 하는 것을 명사절이라 한다.

명사

관사

대명사

동사

형용사

부사

전치사

접속사

시제

조동사

부정사

동명사

분사

수동태

관계사

비교

가정법

부록

> **KEY POINT** 종속접속사는 명사처럼 주어, 목적어, 보어 역할을 하는 명사절을 이끌기도 하고, 시간, 이유, 조건 등을 나타내는 부사절을 이끌기도 한다.

1 that ~라는 것

주어로 쓰인 명사절

That she said is all lie.

그녀가 말한 것은 모두 거짓말이다.

목적어로 쓰인 명사절 •I knew that you would like this color.

네가 이 색깔을 좋아하리라고 생각했어.

보어로 쓰인 명사절 •The trouble is that my son is in the hospital.

문제는 내 아들이 병원에 입원해 있다는 것이다.

2 if/whether ~일지 아닐지

I'm not sure if she will come . 그녀가 올지 (안 올지) 모르겠다.

•We should find out whether the bank is open.

우리는 은행이 문을 열었는지 (안 열었는지) 알아봐야 한다.

알아도 다시 한 번

명사절을 이어주는 접속사

· that   ~라는 것

· if/whether   ~일지 아닐지

· all 모든   · lie 거짓말   · hospital 병원   · find out 알다

2. 부사절을 이어주는 접속사

시간, 이유, 조건, 양보, 목적이나 결과 등을
나타내는 부사절을 이끈다.

1 시간   when, while, after, before, as soon as …

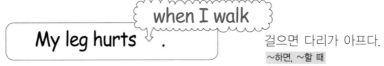

걸으면 다리가 아프다.
~하면, ~할 때

- I must go to the post office before it closes.

나는 우체국이 문을 닫기 전에 가야 한다.

2 이유   as, because, since, for …

I made mistakes because I was tired .

지쳤기 때문에 나는 실수를 했다.   ~때문에, ~해서

- It was cold so I turned the heater on.

날씨가 추워서 난방장치를 켰다.

3 양보   though, although, even though …

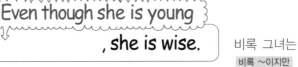

비록 그녀는 어리지만 현명하다.
비록 ~이지만

- Though I liked the sweater, I didn't buy it.

나는 그 스웨터가 마음에 들었지만, 사지 않았다.

92

• leg 다리   • hurt 다치게 하다   • while ~동안에   • as soon as ~하자마자

명사

관사

대명사

동사

형용사

부사

전치사

접속사

시제

조동사

부정사

동명사

분사

수동태

관계사

비교

가정법

부록

4 **조건**　if, in case, unless …

It'll be quite safe ⤵ .　if we're careful

우리가 조심한다면 안전할 것이다.　만약 ~라면

- **I've brought some sandwiches** in case you get hungry.

  네가 배고플까봐 샌드위치를 좀 가져왔어.

5 **결과나 목적**　so that, such that …

Turn on the light ⤵ .　so that I can see you

내가 당신을 볼 수 있도록 불을 켜 주세요.　~이 되도록, ~하도록

- **It was such a heavy rain** that I didn't go on a picnic.

  비가 너무 많이 와서, 나는 소풍을 가지 않았다.

알아도
다시 한 번

부사절을 이어주는 접속사

❶ **시간**　　　　when, while, after, before, as soon as …

❷ **이유**　　　　as, because, since, for …

❸ **양보**　　　　though, although, even though …

❹ **조건**　　　　if, in case, unless …

❺ **결과나 목적**　so that, such that …

- **wise** 현명한　- **in case** 만일을 생각하여　- **unless** 만일 ~가 아니라면　- **quite** 매우
- **brought** bring 가져오다의 과거분사　　- **so that** ~하기 위하여, ~이 되도록

접속사 를 바로 써 먹는 **회화문**

I skipped lunch and dinner.
등위접속사   점심과 저녁을 걸렀어.

I don't need money or power. 등위접속사
난 돈이나 권력이 필요 없어요.

Thank you but I can handle it. 등위접속사
고맙지만, 혼자서 할 수 있어요. .

It's my first time to go abroad so I'm nervous. 등위접속사
외국에 가는 건 처음이라서 긴장돼요.

I think that it is a good idea.
종속접속사   좋은 생각인데.

I wonder whether I can walk there.
종속접속사   걸어갈 수 있는 곳인지 궁금하네요.

I'm gloomy when it rains. 종속접속사
비가 오면 우울해져.

I won't forgive Sam even though he apologizes.
종속접속사   샘이 사과해도 용서하지 않을거야. .

I can't go out unless Dad allows.
종속접속사   아빠가 허락하지 않으면 나갈 수 없어.

I'm so tired that I can't work anymore.
종속접속사   너무 지쳐서 더 이상 일 못하겠어요.

94

unit 9

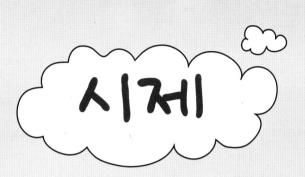

시제

현재 시제란?

일반적인 사실이나 상황을 나타내는 단순한 현재 시제와 말하는 순간에 행동이 일어나고 있음을 나타내는 현재진행 시제가 있다.

바로 써 먹는 실제회화

 Mom, it smells good. What are you making now?
엄마, 냄새가 좋아요. 무엇을 만들고 계세요?

 I'm baking some cheese cookies.
치즈쿠키를 만들고 있어.

 Can I have it?
먹어 봐도 될까요?

 Sure. Here it is.
그럼. 여기 있단다.

1. 형 태

현재 시제는 동사원형, 현재진행은 be동사 +ing이다.

1 단순 현재 동사의 원형

> ### I play computer games everyday.

나는 매일 컴퓨터 게임을 한다.

he, she, it
+동사원형S

- **She wants a new bicycle.**
  그녀는 새 자전거를 원한다.

- **I like Jazz.**
  나는 재즈를 좋아한다.

주어가 3인칭 단수일 때는 동사원형에 - s를 붙인다.

• bicycle 자전거　　• Jazz 재즈

명사

관사

대명사

동사

형용사

부사

전치사

접속사

시제

조동사

부정사

동명사

분사

수동태

관계사

비교

가정법

부록

KEY POINT 단순한 현재를 나타낼 때는 동사원형을 쓴다. 그러나 주어가 3인칭 단수 일때는 ~s를 붙인다.
현재진행 시제는 **be동사+~ing**이다.

2 현재진행 be 동사(am/are/is) +~ing

> ## I am playing computer games.

나는 컴퓨터 게임을 하고 있다.

- **She is reading a newspaper.**
  그녀는 신문을 읽고 있다.

- **He is taking a shower.**
  그는 샤워를 하고 있다.

우리는 현재 진행형이야~

단순현재와 현재진행형

알아도
다시 한 번

❶ **단순현재** 주어+동사 의 형태로 현재를 나타내며,
주어가 3인칭 단수일때 동사에 ~s를 붙인다.

❷ **현재진행형** 주어+ be동사+ ~ing 의 형태로 현재 어떤일이
진행중임을 나타낸다.
좀더 살아 있는 생생한 표현이다.

• newspaper 신문 • take a shower 샤워하다

2. 현재 시제를 사용하는 경우

1 일반적인 사실

> ## Mary lives in Paris.

메리는 파리에 산다.

- I am a student.　　　　　나는 학생이다.

- You look down.　　　　　너 우울해 보여.

일반적인 사실 = 단순 현재 시제

2 습관처럼 반복적으로 일어나는 일

> ## Sylvia drinks coffee every morning.

실비아는 매일 아침 커피를 마신다.

- I go to church every Sunday.
  나는 매주 일요일에 교회에 간다.

- She keeps a diary everyday.　그녀는 매일 일기를 쓴다.

습관·반복 = 단순 현재 시제

　　　　• look down　우울해 보이다　　　　　• keep a diary　일기를 쓰다

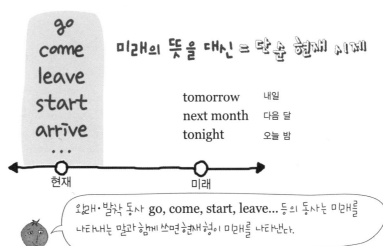

명사
관사
대명사
동사
형용사
부사
전치사
접속사
시제
조동사
부정사
동명사
분사
수동태
관계사
비교
가정법
부록

3 변하지 않는 진리 · 사실 · 격언 · 속담

> ## The earth goes around the sun.

지구는 태양 주위를 돈다.

- The sun rises in the east.

태양은 동쪽에서 뜬다.
해는 동쪽에서 뜬다는 불변의 진리

- One and two are three.

1 더하기 2는 3이다.
변하지 않는 사실

변하지 않는 진리 = 단순 현재 시제

```
○────────────○────────────○────▶
과거          현재          미래
```

4 떠나다, 도착하다의 뜻을 가진 단어

> ## She leaves here tomorrow.

그녀는 내일 여기를 떠난다.

- He starts new business next month.

그는 다음달에 새 사업을 시작한다.

- I arrive there tonight.   나는 오늘밤에 거기에 도착한다.

go
come
leave
start
arrive
...

미래의 뜻을 대신 = 단순 현재 시제

tomorrow	내일
next month	다음 달
tonight	오늘 밤

```
◀────────○────────────○────────▶
         현재          미래
```

왕래 · 발착 동사 go, come, start, leave... 등의 동사는 미래를 나타내는 말과 함께 쓰면 현재형이 미래를 나타낸다.

• go around (~주위를) 돌다   • rise (해, 달, 별 등이) 뜨다   • business 사업

3. 현재진행형을 사용하는 경우

1 현재 어떤 동작이 진행중일 경우

I am eat ↓ing spaghetti now.   나는 지금 스파게티를 먹고 있다.

• I am writing **an E-mail.**   나는 이메일을 쓰고 있다.

be동사 + ~ing = 현재 진행중

진행시제는 말하고 있는 순간에 진행되고 있는 동작이나
아직 끝나지 않은 상황을 나타낸다.

2 이미 예정된 계획

Andrew is stay ↓ing with us next week.

앤드류는 다음주에 우리와 함께 지낼 것이다.

• He is leaving **here tomorrow.**
그는 내일 여기를 떠난다.

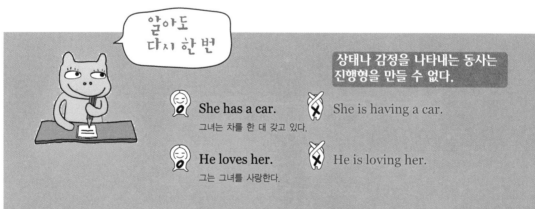

알아도
다시 한 번

**상태나 감정을 나타내는 동사는
진행형을 만들 수 없다.**

She has a car.   She is having a car.
그녀는 차를 한 대 갖고 있다.

He loves her.   He is loving her.
그는 그녀를 사랑한다.

• eat 먹다   • stay 머무르다

진행형 만들기

1 대부분의 동사   동사원형에 ~ing를 붙인다

- sleep - sleeping
- fall - falling
- walk - walking
- sing - singing

2 강세가 있는 모음 + 자음 동사   끝자음을 한 번 더 쓰고 ~ing를 붙인다

- sit - sitting
- run - running
- plan - planning
- stop - stopping

3 e로 끝나는 동사   e를 없애고 ~ing를 붙인다

- come -   coming
- write -   writing
- make -   making
- use - using

4 ie로 끝나는 동사   ie를 y로 바꾼 후 ~ing를 붙인다

- die - dying
- lie - lying

명사
관사
대명사
동사
형용사
부사
전치사
접속사
시제
조동사
부정사
동명사
분사
수동태
관계사
비교
가정법
부록

- sleep 자다
- fall 떨어지다
- write 쓰다
- use 사용하다
- die 죽다
- lie 눕다

과거 시제란?

이미 일어난 일을 나타낸다. 단순한 과거는 과거의 한 시점을 나타내고, 과거진행시제는 과거 어느 시점에서 일이 진행되고 있었던 것을 나타낸다.

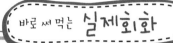

바로 써 먹는 **실제회화**

 What **were** you **doing** when I **called**?
내가 전화했을 때 뭐하고 있었어요?

 I **was washing** the dishes.
설거지를 하고 있었어요.

That's why I couldn't answer the phone quickly.
그래서 전화를 빨리 받을 수가 없었어요.

 Ok. I just **called** you to ask something.
괜찮아요. 물어볼 게 있어서 전화했어요.

1. 형 태

1 단순 과거 동사의 과거형

> Daniel made **some coffee.**

다니엘이 커피를 탔다.

• The shop opened last week.
그 가게는 지난 주에 문을 열었다.

어제 yesterday   *opened*
지난 주 last week   *made*

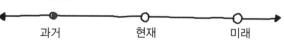

과거   현재   미래

• made coffee make 커피를 타다 의 과거형   • last 지난

과거 시제는 동사 끝에 -ed를 붙인다. 그러나 불규칙하게 변하는 동사들도 많이 있다. 과거진행 시제는 be동사의 과거형 ~ing의 형태이다.

명사

관사

대명사

동사

형용사

부사

전치사

접속사

시제

조동사

부정사

동명사

분사

수동태

관계사

비교

가정법

부록

2 **과거진행** be 동사(was/were) + ~ing

Daniel was making coffee. 다니엘이 커피를 타고 있었다.

• **All the people** were watching **TV.**
모든 사람들이 TV를 보고 있었다.

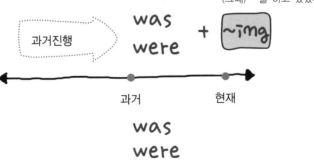

(그때) ~을 하고 있었다.

• people 사람들   • watch 보다

2. 과거 시제를 사용하는 경우

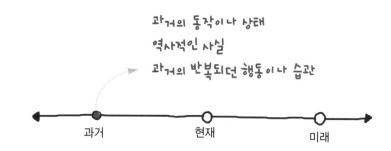

과거의 동작이나 상태
역사적인 사실
과거의 반복되던 행동이나 습관

과거   현재   미래

1 과거의 일반적인 동작이나 상태

I *loved* Susan very much.   나는 수잔을 매우 사랑했다.

• She wanted to go to India when she was young.
  그녀는 젊었을 때 인도에 가고 싶어했다.

과거의 일반적인 동작·상태 = 단순 과거 시제

2 과거의 반복되던 행동이나 습관

We *went* to see a movie every Saturday night.

우리는 매주 토요일 밤에 영화를 보러 갔었다.

• I always took a walk in the morning in those days.
  나는 그 당시에 항상 아침 산책을 했다.

과거의 행동이나 습관 = 단순 과거 시제

3 역사적인 사실

Edison *invented* the bulb.   에디슨은 전구를 발명했다.

• John Lennon died in 1980.
  존 레논은 1980년에 죽었다.

역사적인 사실 = 단순 과거 시제

• India 인도 국명   • bulb 전구   • invent 발명하다   • take a walk 산책하다
• see a movie 영화 보다

3. 과거진행형을 사용하는 경우

1 과거의 진행중인 동작이나 상태

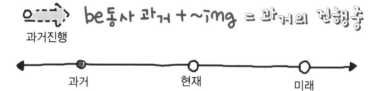

They were playing tennis this morning.

그들은 오늘 아침에 테니스를 치고 있었다.

- He was sleeping when the doorbell rang.
  초인종이 울렸을 때 그는 자고 있었다.

- It was raining from Monday to Friday.
  월요일부터 금요일까지 비가 내리고 있었다.

과거진행 ⟹ be동사 과거 + ~ing = 과거의 진행중

과거   현재   미래

명사
관사
대명사
동사
형용사
부사
전치사
접속사
시제
조동사
부정사
동명사
분사
수동태
관계사
비교
가정법
부록

알아도
다시 한 번

과거진행 시제

과거진행은 과거의 어느 시점에서 진행되고 있던 일이나 그때까지도 끝나지
않은 상황을 나타낼 때 쓴다.

• doorbell 초인종　　• rang ring 울리다의 과거형

105

4. 동사의 과거형 과거형, 과거분사형이 규칙적으로 변한다.

4.1 규칙동사

1 대부분의 규칙동사 동사원형에 −ed를 붙인다

- open - opened - opened
- dream - dreamed - dreamed
- start - started - started
- want - wanted - wanted

2 강세가 있는 모음 + 자음동사 끝자음을 한번 더 쓰고 −ed를 붙인다

- stop - stopped - stopped
- plan - planned - planned

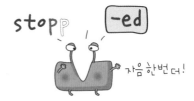

3 e로 끝나는 동사 d를 붙인다

- love - loved - loved
- hope - hoped - hoped
- close - closed - closed
- like - liked - liked

4 자음 + y로 끝나는 동사 y를 i로 바꾸고 ed를 붙인다

- cry - cried - cried
- study - studied - studied
- marry - married - married
- dry - dried - dried

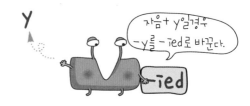

• close 닫다   • cry 울다   • plan 계획하다

4.2 불규칙동사
동사의 원형과 과거형, 과거분사형이 다르게 변한다.

p218, 219 불규칙동사 변화표 참조

1 원형, 과거형, 과거분사형이 완전히 다른 경우

· give - gave - given
· swim - swam - swum
· go   - went - gone
· eat   - ate   - eaten

그 때 그 때 달라요

2 원형, 과거형, 과거분사형이 같은 경우

· put   - put   - put
· hit   - hit   - hit
· cut   - cut   - cut
· read - read - read

끝까지 변하지 말자

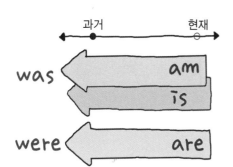

be동사의 과거형도
불규칙하게 변한다.

명사
관사
대명사
동사
형용사
부사
전치사
접속사
시제
조동사
부정사
동명사
분사
수동태
관계사
비교
가정법
부록

· eat 먹다   · put 놓다   · hit 치다   · cut 자르다

107

완료 시제란?

완료 시제는 특정 시점의 상황을 말해 주는 것이 아니라 문장의 시제에 따라 그 전이나 그 후의 연관된 상황을 함께 나타낸다.

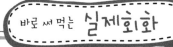

 Long time no see. Nice to meet you again.
오랜만이에요. 다시 만나서 반가워요.

 I **haven't seen** you for ages. 오랜만이네요.
How **have** you **been**? 어떻게 지냈어요?

 I was very busy.
I**'ve been** to London on business.
매우 바빴어요. 사업차 런던에 갔다왔어요.

1. 형 태

1 **현재완료** have/has + 과거분사

> I have lived **here for ten years.**

나는 10년 동안 여기에서 쭉 살고 있다. 현재도 살고 있다

• The letter has'nt come yet.

편지가 아직 도착하지 않았다.

 주어가 3인칭 단수일때, have 대신 has를 쓴다.

 have, has
+ 과거분사(P.P.)

• **yet** 아직, 벌써

108

명사

관사

대명사

동사

형용사

부사

전치사

접속사

시제

조동사

부정사

동명사

분사

수동태

관계사

비교

가정법

부록

현재완료는 현재와 과거시점을 연결해 주고, 과거완료는 과거 이전과 과거시점을 연결해 준다. 완료시제는 **ago, yesterday**처럼 명백히 과거를 나타내는 말과 함께 쓸 수 없다.

2 **과거완료**   had+ 과거분사

> I had lived **here for ten years.**

나는 10년 동안 여기에서 쭉 살았었다.   과거에 살았었고 현재는 여기에 살지 않는다.

- **When we arrived, everyone** had already **left.**
우리가 도착했을 때, 사람들이 모두 이미 떠나 있었다.

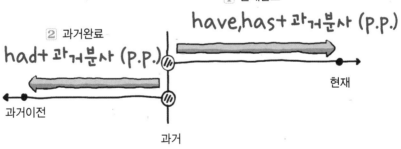

1 현재완료
have, has+ 과거분사 (P.P.)

2 과거완료
had+ 과거분사 (P.P.)

과거이전

과거

현재

• already   이미

2. 완료 시제를 사용하는 경우   완료 시제는 완료, 경험, 계속, 결과를 나타낸다.

1 **완료**   어떤 일이 끝나서 완료되었음을 나타낸다

 I have just finished the report.

 My wife had just cleaned the room when I arrived at home.

나는 방금 보고서를 끝마쳤다.
내가 집에 도착했을 때, 아내는 막 방 청소를 끝냈다.

• The train has just left.

기차가 막 떠났다.

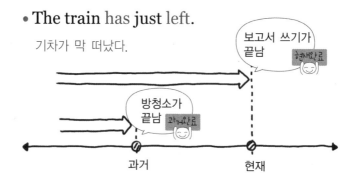

2 **계속**   상황이 계속됨을 나타낸다

 I have stayed here for four days.

 When I visited him,
he had been ill for a week.

나는 4일 동안 여기에 머물고 있다.

내가 그를 찾아 갔을 때, 그는 일주일동안 쭉 아팠었다.

• My mother has watched TV for 4 hours.

우리 엄마는 4시간 동안 TV를 보고 있다.

110

• report 보고서   • clean 청소하다   • ill 아픈, 병이 난

③ 경험 과거에 겪었던 경험을 나타낸다

 He has been to London. 그는 런던에 가 본 적이 있다.

 I had never met him. 나는 결코 그를 만난 적이 없었다.

• Have you seen the opera? 오페라를 본 적 있어요?

④ 결과 어떤 상황의 결과를 나타낸다

He has gone to London. 그는 런던에 갔다.
그래서 그는 지금 여기에 없다.
I had lost my key. 나는 열쇠를 잃어 버렸다.
과거의 어떤 시점까지 찾지 못했다.

• I have opened the door.

나는 문을 열어 놓았다. 현재도 열어 놓은 상태이다.

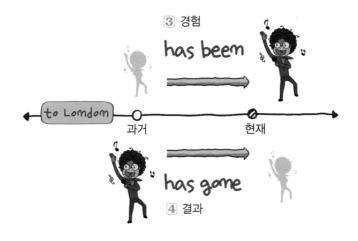

③ 경험

has been

to London   과거   현재

has gone

④ 결과

• visit 방문하다

3. 완료 진행 동작이 계속됨을 나타낸다. 형태는 have/has/had + been + ~ing이다 .

1 현재완료 진행 (지금까지) 계속 ~하고 있다

 I'm watching TV.
현재완료진행 I have been watching TV for an hour.

나는 TV를 보고 있다.

나는 한 시간째 TV를 보고 있다.

 현재진행은 진행중인 상황만을 알 수 있지만, 현재완료 진행은 과거부터 지금까지 동작이 계속되고 있음을 알 수 있다.

- **I have been waiting for him for two hours.**
  나는 두 시간째 그를 기다리고 있다.

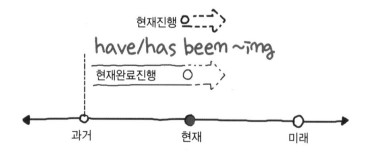

• think about ~에 대해 생각하다

명사
관사
대명사
동사
형용사
부사
전치사
접속사
시제
조동사
부정사
동명사
분사
수동태
관계사
비교
가정법
부록

2 과거완료 진행 (~할 때까지) 계속 ~하고 있었다

 과거진행
She was crying.

 과거완료진행
She had been crying **for two hours.**

그녀는 울고 있었다.
그녀는 두 시간 동안 울고 있었다.

과거진행은 과거 시점에 진행중이던 동작을 나타내지만,
과거완료 진행은 과거 시점 이전부터 과거까지 계속되어 오던 동작을 나타낸다.

• **I had been looking for her until 11 p.m.**

나는 밤 11시까지 그녀를 찾았다.

had been ~ing
과거완료 진행형

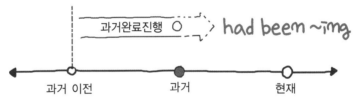

과거진행

과거완료진행   had been ~ing

과거 이전   과거   현재

완료 진행

알아도
다시 한 번

현재완료진행은 과거 어느 때부터 시작된 동작이 현재까지 계속 되고 있음을 나타내고, 과거완료진행은 과거 어느 시점까지 동작이 계속된 것을 나타낸다.

현재완료 진행   have/has been ~ing
과거완료 진행   had been ~ing

• look for 찾다

미래 시제란?

앞으로의 일에 대한 결정이나 예측을 나타낸다.
미래 시제 역시 진행형과 완료형이 있다.

바로 써 먹는 **실제회화**

 I have something to ask you.
Are you **going to** the bookstore this afternoon?

부탁할 게 있어. 오늘오후에 서점에 가니?

 Yes.

응.

 Will you get me a novel?
It's a Harry Potter and Sorcerer.

소설책 좀 사다 줄래? 해리포터 와 마법사의 돌 말이야.

 No problem.

알았어.

---

1. 형태

조동사 will이나 shall의 도움을 받아 미래를 나타낸다.

1 will/shall + 동사원형

I ⟶ will meet **you tomorrow.**   나는 내일 너를 만날 거야.

• The plane will take off on time.
비행기는 제 시간에 출발할 것이다.

will/shall 등의 조동사 뒤에는 동사원형이 온다.

• take off   이륙하다   • on time   제 시간에

명사
관사
대명사
동사
형용사
부사
전치사
접속사
시제
조동사
부정사
동명사
분사
수동태
관계사
비교
가정법
부록

KEY POINT 미래 시제는 동사를 도와주는 조동사인 **will**이나 **shall**과 같이 쓰인다. 형태는 **will/shall** + 동사원형이다. 미래 시제에도 진행과 완료가 있다.

shall
I ↓ be home tomorrow.　　나는 내일 집에 있을 거야.

• We shall visit you as soon as possible.
　가능한 한 빨리 너를 찾아갈게.

2 will의 축약형　　be동사와 마찬가지로 will도 인칭 대명사와 만나면 줄여서 쓸 수 있다.

I will ➡	I'll
You will ➡	You'll
He will ➡	He'll
She will ➡	She'll
They will ➡	They'll

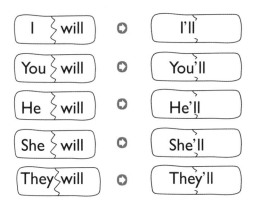

be동사와 마찬가지로 will에도 인칭 대명사와 만나면 줄여서 쓸 수 있다. 3인칭 단수일 때 will에 -s가 붙지 않는다.
 He wills He will

• be home　집에 있다　　• possible　가능한

115

2. 미래 시제를 사용하는 경우

1 앞으로의 상황에 대한 예측을 나타낼 때

will

She ↴ be sixty years old next year.

그녀는 내년이면 60세가 된다.

- You'll regret your behavior.   너의 행동을 후회하게 될 것이다.
- It will snow this weekend.   이번 주말에 눈이 올 것이다.

2 앞으로의 일에 대한 결정이나 의지를 나타낼 때

will

I ↴ buy you pizza today.   내가 오늘 피자 사줄게.

- It's cold. I'll shut the window.   추운 걸. 창문을 닫아야겠어.
- I will read this book tonight.   나는 오늘밤에 이 책을 읽을 거야.

will ~할꺼야

결정 · 의지

• sixty 60   • regret 후회하다   • behavior 행동

will과 be going to

명사
관사
대명사
동사
형용사
부사
전치사
접속사

시제

조동사
부정사
동명사
분사
수동태
관계사
비교
가정법
부록

The phone is ringing.

I ↑ get it.

will

전화 왔네
내가 받을게.

전화가 울리는 순간에, 자신이 전화를 받겠다고 결정했다.

I will get it.

Why did you buy so many apples?

I ↑ make apple pies.

am going to

사과를 왜 이렇게 많이 샀어?
애플 파이 만들려고.

애플파이를 만들려고 이미 결정한 후에 사과를 샀다.

I'm going to
make apple pies.

알아도
다시 한 번

be going to

be going to는 형태가 현재진행형 같지만, 가까운 미래나 예정을
나타내는 표현이다.

• ring 울리다

3. 미래진행

미래의 어느 시점에서 계속되고 있을 행동을 나타낸다.

1 will be ~ing

> I can't meet you at four. I'll be working then.

4시에는 너를 만날 수 없어. 그때는 일하고 있을 거야.

- He will be carrying the boxes this evening.
  그는 오늘 저녁에 상자를 나르고 있을 테니까.

- Next year at this time, I will be staying in Hawaii.
  내년 이맘때, 나는 하와이에 머물고 있을 것이다.

4. 미래완료

미래의 어느 시점에서 뭔가 끝날 것을 표현할 때 쓴다.

1 will have + 과거분사

> He will have done his homework by 10.

그는 10시면 숙제를 다 마칠 것이다.

- I will have read this book by tomorrow.
  내일까지 이 책을 다 읽을 것이다.

- By May 1st, they will have been married for a month.
  5월 1일이면, 그들은 결혼한 지 한 달이 된다.

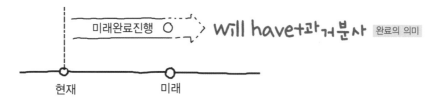

미래진행 ⌒---→ will be ~ing 진행의 의미

미래완료진행 ○---→ will have+과거분사 완료의 의미

현재 ——○——————○—— 미래

• carry 운반하다, 나르다　　• May 5월　　• married marry 결혼하다의 과거형

5. 현재 시제가 미래를 나타내는 경우

1 현재형 = 미래

> Tomorrow is Friday.

내일은 금요일이다.

- Henry department store opens on November 1st.
  헨리백화점은 11월 1일에 개장한다.

- The airplane leaves at 9 a.m. 비행기는 오전 9시에 출발한다.

 이미 짜여져 있는 시간에 일어나는 일이나 상황을 나타낼때는 미래 시제대신에 현재 시제를 쓴다.

2 when, after, before와 같이 시간을 나타내는 접속사가 올 경우
에는 의미는 미래지만, 반드시 현재 시제를 써야 한다.

> When my friend gets here, I'll make an order.

친구가 오면 주문할게요.

- After the rain stops, I'm going to sweep the yard.
  비가 그치면, 마당을 청소할 것이다.

• department store 백화점 • make an order 주문하다 • sweep 청소하다 (빗자루로) 쓸다.

명사
관사
대명사
동사
형용사
부사
전치사
접속사
시제
조동사
부정사
동명사
분사
수동태
관계사
비교
가정법
부록

현재

| 단순현재 | I study **everyday.** | 나는 매일 공부한다. |

| 현재진행 | I am studying **now.** | 나는 지금 공부하고 있다. |

| 현재완료 | I have **already** studied **Chapter 1.** |

나는 1장을 이미 공부했다.

| 현재완료진행 | I have been studying **for two hours.** |

나는 두 시간 동안 공부하고 있다.

과거

| 단순과거 | I studied **last night.** | 나는 어젯밤에 공부했다. |

| 과거진행 | I was studying **when my friends came.** |

나는 내 친구들이 왔을 때 공부하고 있었다.

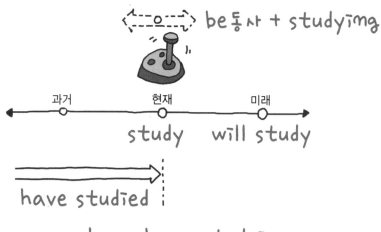

be동사 + studying

과거   현재   미래

study   will study

have studied

have been studying

| 과거완료 | I had **already** studied Chapter 1. before I began studying Chapter 2.
나는 2장 공부를 시작하기 전에 1장을 이미 공부했었다. |

| 과거완료진행 | I had been studying **for two hours** before my friends came.
나는 내 친구들이 오기 전에 두 시간 동안 공부를 하고 있었다. |

미래

| 단순미래 | I will study **tomorrow.** 나는 내일 공부할 것이다. |

| 미래진행 | I will be studying **when my friend comes.**
나는 내 친구가 올 때 공부하고 있을 것이다. |

| 미래완료 | I will **already** have studied Chapter 3 before I study Chapter 4.
나는 4장을 공부하기 전에 이미 3장을 공부했을 것이다. |

| 미래완료진행 | I will have been studying **for two hours** by the time my friend comes.
나는 내 친구가 올 때까지 두 시간 동안 공부하고 있을 것이다. |

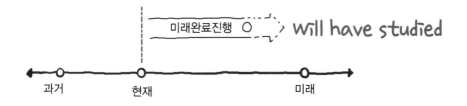

미래진행 ⟶ will be studying

미래완료진행 ⟶ will have studied

과거 ——— 현재 ——— 미래

121

시제를 바로 써 먹는 **회화문**

Mr. Welch is a salesman. He sells cars. 현재 웰치씨는 영업사원이에요. 차를 팔죠.

What are you doing now?
현재 진행 지금 뭐 하고 있어?

I missed the last train. What shall I do? 과거
막차를 놓쳤어. 어떡하지?

I was not sleeping then. 과거 진행
그때 자고 있지 않았어요.

I have met him before.
현재완료

전에 그를 만난 적이 있어요.

The firm had never hired a black person. 과거완료 그 회사는 흑인을 고용한 적이 없었어요.

I have been thinking about you all day. 현재완료 진행
하루 종일 네 생각만 하고 있었어.

It had been raining for two hours.
과거완료 진행 두 시간 동안 비가 왔었어요.

I will make sandwiches for lunch.
미래 점심으로 샌드위치를 만들 거야.

Don't get impatient. He will be coming soon.
미래 진행 안달하지마. 그 사람 곧 올 거야.

unit 10

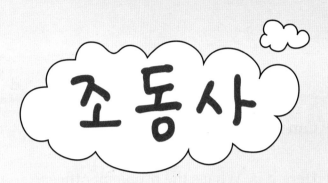

조동사

조동사란?

동사를 도와 동사가 표현할 수 없는 의미를
나타내준다.

 Can I see your driver's license?
운전 면허증을 보여주시겠습니까?

 Here it is. What's the problem, officer?
여기 있습니다. 무슨 일이죠?

 You were speeding. You **should** slow down.
과속하셨습니다. 천천히 운전하셔야 합니다.

 I'm sorry. I **won**'t do it again.
죄송합니다. 다시는 그러지 않겠습니다.

1. 특징

조동사 뒤에는 동사원형이 오고, 인칭이나 수에 상관없이 형태
가 항상 같다.

1 위치
조동사 뒤에는 항상 동사원형이 온다.

주어 + 조동사 + 동사의 원형

조동사
+동사원형

 You (must) go to bed.   너는 자러 가야만 한다.

be동사 am, are, is의 원형은 be이다.

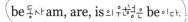 It will be windy.   바람이 불 것이다.

• must ~해야만 한다   • go to bed 자러 가다   • windy 바람이 부는

KEY POINT 조동사 뒤에는 항상 동사원형이 온다. be동사의 경우, **am, are, is**의 원형인 **be**가 오면 된다. 조동사는 단수, 복수에 영향을 받지 않으므로, 항상 같은 모양이다.

명사

관사

대명사

동사

형용사

부사

전치사

접속사

시제

조동사

부정사

동명사

분사

수동태

관계사

비교

가정법

부록

2 **형태** 주어의 인칭과 단수, 복수에 영향 받지 않는다

3인칭단수 She can play the piano.   그녀는 피아노를 칠 줄 안다.

She can play s

단수 I can play the piano.   나는 피아노를 칠 줄 안다.

복수 They can play the piano.   그들은 피아노를 칠 줄 안다.

일반 동사와 다르게 3인칭 단수 현재 시제 일지라도 조동사 끝에 -(e)s를 붙이지 않는다.

조동사 + ✗

줄을 서세요~

조동사는 주어와 동사 사이에 위치하는구나

조동사

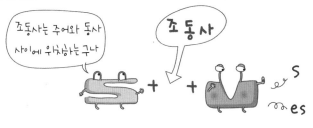

• can ~을 할 수 있다

 **2. 부정문**　　조동사 뒤에 not을 붙인다.

1 주어 + 조동사 + not + 동사원형 ~

나는 돌아갈 수 없다.

• Vincent won't play the piano.
빈센트는 피아노를 치지 않을 것이다.

• You shouldn't go there alone.
거기에 혼자 가서는 안 된다.

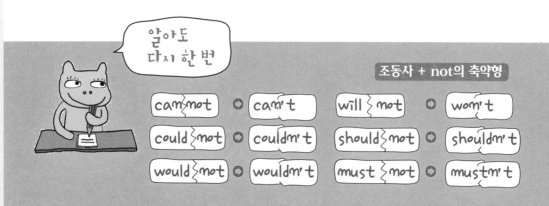

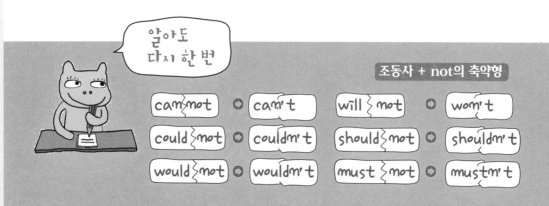

조동사 + not의 축약형

can not → can't　will not → won't

could not → couldn't　should not → shouldn't

would not → wouldn't　must not → mustn't

명사

관사

대명사

동사

형용사

부사

전치사

접속사

시제

조동사

부정사

동명사

분사

수동태

관계사

비교

가정법

부록

3. 의문문   조동사를 문장 맨 앞에 놓는다.

1 조동사 + 주어 + 동사원형 ~?

I help **you**?   도와드릴까요?

• May I take **a message**?   메시지를 남기시겠어요?
• Shall we dance ?   춤 출까요?

2 의문사 + 조동사 + 주어 + 동사원형 ~?

What   can   he play?   그는 무엇을 연주할 수 있습니까?

• When will you **finish your report**?
  너 보고서 언제 끝낼 것야?

조동사는 현재형과 과거형 뿐이다.

현재		과거		현재		과거
will	○	would		may	○	might
can	○	could		shall	○	should

• take a message   메모를 남기다

127

4. will과 would

일반적으로 will은 미래를 나타내지만, 의지·추측·습관 등도 나타낸다. would는 will의 과거형이다.

will + 동사원형
will not (won't) + 동사원형 ➜ 권유 · 부탁 · 습관 · 의지 · 고집 · 추측

1 의지나 고집

 I will go, no matter what you say.
 I would take **your advice.**

네가 뭐라고 하든 나는 갈거야.
당신의 충고를 받아 들이겠습니다.

2 추측

 You will be right.
 Sandra would be free this evening.

네가 옳을 것이다.
산드라는 오늘 저녁에 한가할 거예요.

알아도
다시 한 번

will과 be going to

will이 단순한 미래의 뜻을 나타낼 때는 be going to로 바꾸어도 된다.

· I will go home.
= I am going to go home.

· take advice   충고를 받아들이다

명사
관사
대명사
동사
형용사
부사
전치사
접속사
시제
조동사
부정사
동명사
분사
수동태
관계사
비교
가정법
부록

③ 습관

 Ted will **often** come **to see me.**

 I would go **to church when I was a kid.**

테드는 종종 나를 보러온다.
나는 어렸을 때 교회에 가곤 했다.

현재에 습관적으로 반복되는 행동은 will, 과거에 반복되었던 습관은 would 를 쓴다.

④ 권유, 부탁

 Will **you** have **some tea?**　　차 좀 드시겠습니까?

•Would **you** come **to my house?**
　우리집에 오시겠어요?

 Will **you** pass **me the salt?**　　소금 좀 건네 줄래?

•Would **you** open **the door?**
　문을 열어 주시겠습니까?

누군가에게 부탁할 때 will 대신 would 를 쓰면 더욱 정중한 표현이 된다.

⑤ would와 used to의 차이

I would get **up at 6.**

I used to get **up at 6 very often.**

나는 6시에 일어나곤 했다.
나는 자주 6시에 일어나곤 했다.　그러나 지금은 그렇게 자주 6시에 일어나지 않는다.

• kid　어린 아이　　• pass　건네다　　• salt　소금　　• get up　일어나다

5. can과 could

can은 능력이나 가능성을 나타내는 조동사로, 「할 수 있다」로 해석된다. can의 과거형은 could이다

can
could + 동사 원형 ➜ 부탁 · 요청 · 능력 · 가능성 · 추측 · 허락

1 능력, 가능성 ~할 수 있다

She (can) play the cello.

그녀는 첼로를 연주할 줄 안다.

• I can see you next week.

다음주에 널 만날 수 있을 거야.

2 허락 ~해도 된다

Can(May) I come in?

들어가도 될까요?.

• You can(may) use my phone anytime.

언제든지 내 전화를 써도 돼요.

허락을 나타내는 can은 may로 바꿔 쓸 수 있다

3 부탁, 요청 ~해 주시겠어요?

Can you give me a ride?

차 좀 태워 줄래요?

• Could you give me a ride?

차 좀 태워 주시겠어요?

could를 쓰면 좀 더 정중하고 공손한 표현이 된다

• play the cello 첼로를 연주하다   • anytime 언제든지   • give a ride 태워 주다

4 추측 ～일리가 없다. 부정적인 추측

It ~~can't~~ be true.

그것이 사실일 리가 없어.

•He can't be hungry. He has just had a hamburger.

그는 배고플 리가 없어. 그는 방금 전에 햄버거를 먹었거든.

거의 단정에 가까운 추측을 나타낼때는 can't(can not)을 쓴다. 100%는 아니지만 단순한 추측이 아닌 강한 추측이다.

5 can과 be able to ～할 수 있다.

Can you play the piano?
= Are you able to play the piano?

피아노 칠 줄 알아?

can은 다른 조동사와 함께 쓸 수 없다.

 I will be able to help you tomorrow.
 I will can help you tomorrow.

나는 내일 너를 도와줄 수 있을 것이다.

알아도
다시 한 번

can과 be able to의 차이

can과 be able to는 둘 다 어떠한 능력이 있다는 뜻으로 쓰인다. 그러나 하기 어려운 상황이나 어떤 특정한 상황에서 발휘되는 능력은 be able to를 쓴다. 또한 can은 다른 조동사와 같이 쓸 수 없지만 be able to는 쓸 수 있다.

6. may와 might

may의 과거형은 might로, 특별한 경우를 제외하고는 may와 might는 거의 같은 뜻으로 쓰인다.

may
might + 동사 원형 → 허락 · 추측 · 소망 · 기원

1 **추측** ~일지도 모른다

She _{may} be right.

그녀가 옳을 지도 모른다.

• She might be downstairs.

그녀가 아래층에 있을지도 모른다.

2 **허락 · 허가** ~해도 좋다

You _{may} try this lipstick.

이 립스틱을 발라도 됩니다.

• May(Might) I borrow this book?

이 책을 빌려도 될까요?

> may가 허락의 뜻을 나타낼때는 can을 써도 된다.

알아도
다시 한 번

may와 might

추측을 나타낼 때, **might**는 **may**보다 덜 확실한 추측을 나타낸다. 허락을 나타낼 때는 **may** 대신에 **might**를 쓰면 좀 더 정중한 표현이 된다.

• downstairs 아래층

3 소망이나 기원 ~있기를, ~하소서

기원문의 어순 ➔ May + 주어 + 동사

May
↓
God bless you.

신의 축복이 있기를.

•May you succeed! 당신이 성공하길 빌어요.

4 추측의 확실성 정도

You might be right. 불확실

may ▼

could ▼

can ▼

should ▼

would ▼

will ▼

must 거의 확실

명사
관사
대명사
동사
형용사
부사
전치사
접속사
시제
조동사
부정사
동명사
분사
수동태
관계사
비교
가정법
부록

• bless 축복하다　　• succeed 성공하다

7. shall과 should

shall은 쓰임이 많지 않다. 오히려 shall의 과거형인 should가 더 많이 쓰인다.

shall
should + 동사원형 ➡ 권유·충고·조언·금지·후회

1 권유 shall은 권유할 때 쓴다

Shall we play tennis this afternoon?

오늘 오후에 테니스 칠래요?

• **Shall** we go **now?**
지금 갈까요?

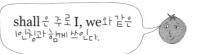
shall은 주로 I, we와 같은 1인칭과 함께 쓰인다.

2 충고, 조언, 의무, 필용 should + 동사원형은 [~해야 한다]는 뜻이다

You should finish your homework. 너는 숙제를 끝내야 한다.

• **We** should listen **to our parents.**
우리는 부모님 말씀을 잘 들어야 한다.

3 금지 should not + 동사원형은 [~해서는 안된다]라는 뜻이다

You shouldn't bring your brother with you.

남동생을 데리고 오면 안 된다.

• **You** should not be **late.**　늦으면 안 된다.

should not / shouldn't + 동사원형 ~해서는 안된다

• homework 숙제

4 후회 should have + 과거분사는 [~했어야 했는데]라는 뜻이다

should have + 과거분사 (p.p.) ➜ ~했어야 했는데

> **I** should have bought **that backpack.**
> **You** shouldn't have left **your keys in the car.**

저 가방을 샀어야 했는데.
너는 열쇠를 차안에 두지 말았어야 했는데.

• **You** should have studied **English hard.**
  너는 영어공부를 열심히 했어야 했는데.

• **I** shouldn't have carried **that heavy box.**
  나는 저 무거운 박스를 나르지 말았어야 했는데.

should have + 과거분사 (p.p.) ~했어야 했는데...

should not have + 과거분사 (p.p.) ~하지 말았어야 했는데...

후회를 나타내는 should

should have + 과거분사는 「~했어야 했는데 그러지 못했다」라는 뜻으로 후회를 나타낸다. 「~하지 말았어야 했는데」라는뜻을 나타내고 싶다면, 「should not have + 과거분사」를 쓴다.

• **backpack** 가방   • **carry** 나르다, 운반하다

명사

관사

대명사

동사

형용사

부사

전치사

접속사

시제

조동사

부정사

동명사

분사

수동태

관계사

비교

가정법

부록

8. must

must는 주로 의무나 추측을 나타낸다.

must + 동사원형 → 의무·강한 추측

must not + 동사원형 → 의무의 부정

1 **의무** ～해야 한다

You ~must~ stop smoking.

넌 담배를 끊어야 해.

cf. ┌ You must finish your homework.
└ You should finish your homework.

숙제를 끝내야 한다.

> 의무의 **must**는 have to로 바꾸어 쓸 수 있다.

2 **의무의 부정** must not은「～해서는 안 된다」need not은「～할 필요 없다」

 You must attend the meeting.

 You must not attend the meeting.

너는 회의에 참석해야 한다.
너는 회의에 참석하면 안된다.

> 과거에 대한 강한 추측을 나타낼 때는,
> **must have**+과거분사를 쓴다.
> 「～이었음이(했음이) 틀림없다」로 해석한다.

알아도
다시 한 번

must와 should의 차이

should가 약한 의미의 조언이나 충고를 나타낸다면, **must**는 강한 의무를 나타낸다. 그래서, **should**를 쓰면「숙제를 끝내는 게 좋겠다」는 충고의 의미이고, **must**를 쓰면「숙제를 끝내야만 한다」는 의무의 뜻이 된다.

명사

관사

대명사

동사

형용사

부사

전치사

접속사

시제

조동사

부정사

동명사

분사

수동태

관계사

비교

가정법

부록

③ **강한 추측** ～임에 틀림없다

They be married.
(must)

그들은 결혼한 게 틀림없어.

•It must have been **raining**.

비가 온 게 틀림없다.

> 과거에 대한 강한 추측을 나타낼 때는, **must have**+과거분사 를 쓴다. 「～이었음(이었음)이 틀림없었다」는 뜻을 나타낸다.

④ **추측의 부정** can't + 동사원형은 「～일 리가 없다」는 뜻

 Edger must be a Canadian.
 Edger can't be a Canadian.

에드거는 캐나다 사람임이 틀림없다.
에드거는 캐나다 사람일 리가 없다.

> 추측의 부정은 **must not**이 아니라 「**can't** + 동사원형」을 써서 「～일 리가 없다」는 뜻을 나타낸다.

can not + 동사원형 ➡ 추측의 부정

| must의 부정 |

2) 추측의 부정

can not + 동사원형 ⬅ must ➡ must not + 동사원형

～일리가 없다.

must
1) ～해야한다.
2) ～임이 틀림없다.

1) 의무의 부정

～해서는 안된다.

9. have to

must처럼 「~해야 한다」는 의무를 나타낸다.

have to + 동사원형 = must ~해야만 한다 ➡ 의무

1 의무 ~해야 한다

I [have to] go on a business trip tomorrow.

나는 내일 출장을 가야만 해.

•I can't meet you on Saturday. I have to work.

나는 토요일에 너를 만날 수 없어. 일해야 하거든.

2 must와 have to의 차이

You [must] talk to her right away.

I [have to] be home by six.

너는 당장 그녀에게 얘기해야만 해.   말하는 사람의 감정이나 생각이 담겨 있다

나는 6시까지 집에 가야 해.   단순한 필요, 의무를 나타낸다

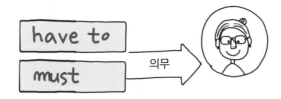

have to

must   의무 ➡

• go on a business trip 출장가다

명사
관사
대명사
동사
형용사
부사
전치사
접속사
시제
조동사
부정사
동명사
분사
수동태
관계사
비교
가정법
부록

3 형태   주어와 시제에 따라 변한다

> 현재
> I have to go to school by 7.
> My sister has to go to school by 7.
>
> 과거
> I had to go to school by 7.

나는 7시까지 학교에 가야 한다.
내 여동생은 7시까지 학교에 가야 한다.

나는 7시까지 학교에 가야만 했다.

주어가 3인칭 일 때   주어가 1,2인칭 일 때
has to   have to

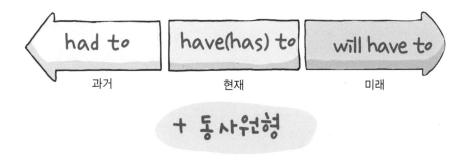

had to / have(has) to / will have to
과거 / 현재 / 미래

+ 동사원형

4 부정   ~할 필요가 없다

do
does   not + have to = need not   ~할 필요가 없다

> You don't have to buy a bottle of wine.
> =You need not buy a bottle of wine.

와인을 살 필요가 없다.

•She doesn't have to take a taxi.
그녀는 택시를 탈 필요가 없다.

• a bottle of   한 병   • take a taxi   택시를 타다

조동사 를 바로 써 먹는 **회화문**

Don't worry. I will get well soon.
will   걱정하지 마세요. 곧 회복될 거예요. .

Would you take a picture of me?
would   사진 한 장 찍어주시겠어요?

You can use mine. can
내꺼 써도 돼.

I could smell something burning.
could   뭔가 타는 냄새가 나는데..

May I smoke here?   May
여기서 담배 피워도 될까요?

Ask Liz. She might know.
might   리즈한테 물어 봐. 아마 알거야.

Shall we take a break? Shall
좀 쉴까요?

You should see a doctor as soon as possible. should
가능한 한 빨리 진찰을 받아 보세요.

You must be quiet. must
조용히 해요.

I have to get up early tomorrow morning. have to 나 내일 아침에 일찍 일어나야 돼.

unit 11

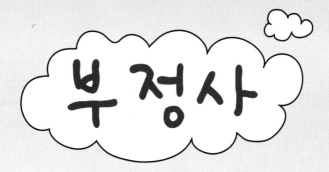

부정사

부정사란?

동사 앞에 to를 붙이거나 동사원형을 그대로 써서, 명사·형용사·부사 역할을 하는 것을 말한다. 문장에 따라 그 역할이 달라지므로, 역할이 정해져 있지 않다고 해서 부정사라고 한다.

 This is a pretty dress.
예쁜 드레스네요.

 Yes. It's on sale. It's a good chance to buy.
네. 세일 중입니다. 구입하시기 좋은 기회입니다.

 How much is it?
얼마인데요?

 It's 20 dollars.
20달러입니다.

1. 형태

1 to 부정사 to + 동사원형

Nice to meet you.   만나서 반갑습니다.

• I like to play golf.   나는 골프치는 것을 좋아한다.

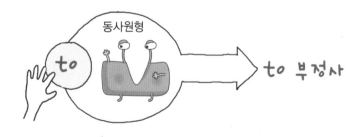
동사원형 to 부정사

• play golf 골프를 치다

KEY POINT 부정사에는 「to + 동사원형」형태의 to부정사와 to가 없이 동사원형만으로 이루어진 원형부정사가 있다.

② 원형부정사 동사원형

> # I saw my son play the soccer.

나는 내 아들이 축구하는 것을 보았다.

동사원형이 주어 다음의 동사 자리에 오는 것이 아니라 목적어 다음에 쓰여 목적어를 보충 설명해 주는 역할을 하는데, 이것을 원형부정사라 한다.

- **James will let me know the result.**
제임스가 결과를 나에게 알려줄 것이다.

명사
관사
대명사
동사
형용사
부사
전치사
접속사
시제
조동사
부정사
동명사
분사
수동태
관계사
비교
가정법
부록

• saw   see 보다의 과거형   • soccer 축구   • result 결과

2. to부정사의 역할　문장 안에서 명사, 형용사, 부사 등의 역할을 한다.

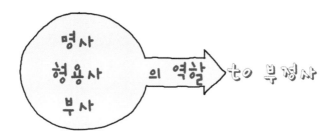

1 **명사 역할**　명사처럼 주어, 목적어, 보어 등의 역할을 한다.

To bake bread
　　is fun.
=It is fun to bake bread.

빵을 만드는 것은 재미있다.

bread는 셀 수 없는 명사

It은 가짜 주어 (가주어)

- To learn **English** is not easy.
  =It is not easy to learn **English**.

  영어를 배우는 것은 쉽지 않다.

 to부정사가 주어 역할을 할때, 가짜주어 It을 사용한 문장으로 바꿔 쓸 수 있다. 이때 주어로 쓰인 to부정사는 뒤에 쓴다.

 to부정사 ~하는것, ~하기

 I want to visit Hong Kong.

목적어 역할

나는 홍콩에 가기를 원한다.　나는 홍콩에 가고 싶다

- She wants to have a pizza .

  그녀는 피자 먹기를 원한다.　그녀는 피자를 먹고 싶어 한다

- He refused to apologize to her .

  그는 그녀에게 사과하기를 거절했다.

　　• learn 배우다　　　• visit 방문하다　　　• refuse 거절하다　　　• apologize 사과하다

To see is **to believe** .

보는 것이 믿는 것이다.

보어역할

- I expected **Edward** to meet me at the airport .

나는 에드워드가 공항으로 나를 마중 나올 것을 기대했다.

명사

관사
·
대명사

동사

형용사

부사

전치사

접속사

시제

조동사

부정사

동명사

분사

수동태

관계사

비교

가정법

부록

의문사 + to부정사   의문사 + to부정사가 통째로 명사 역할을 한다

I didn't know what to do.

나는 무엇을 해야 할지 몰랐다.

- Can you tell me how to drive ?

운전하는 방법을 알려 줄래?

- She doesn't know where to go .

그녀는 어디로 가야할지 모른다.

who		누가 ~지를
why		왜 ~지를
what		무엇을 ~을
when	+ to 부정사	언제 ~를
where		어디로 ~지를
how		어떻게 ~지를

2 형용사 역할 명사 뒤에서 형용사처럼 명사를 꾸며 준다.

I've got some books to read 읽을 책이 몇 권 있다.

- I have no time to write the report .

보고서를 쓸 시간이 없다.

3 부사역할 부정사가 부사처럼 쓰여 목적, 원인, 결과 등을 나타낸다.

목적

I went to see my sister . 나는 여동생을 만나러 갔다.

- I sold my estate to establish the company.

나는 회사를 설립하기 위해 땅을 팔았다.

원인

I'm glad to see you . 너를 만나서 기쁘다.

- I'm very sorry to hear the news .

그 소식을 듣게 돼서 유감입니다.

146

• estate 소유지　　• establish 설립하다　　• company 회사

명사
관사
대명사
동사
형용사
부사
전치사
접속사
시제
조동사
부정사
동명사
분사
수동태
관계사
비교
가정법
부록

결과

> to be rich

I grew up 〔to be rich〕 .

나는 커서 부자가 되었다.

- **My grandfather lived to be ninety seven years old .**

우리 할아버지는 97세까지 사셨다.

to be~
~가 되다

to부정사
= ~가 되다

형용사, 부사 수식

형용사수식 **Chinese is not easy** 〔to learn〕 .

중국어는 배우기가 쉽지 않다.

부사수식 **My English is not enough to have a conversation.**

나의 영어 실력은 회화를 하기에 충분하지 못하다.

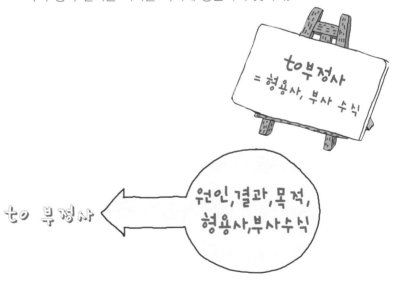

to부정사
= 형용사, 부사 수식

원인, 결과, 목적,
형용사, 부사수식

to 부정사

- grow up   grew up자라다의 과거형   - enough   충분한   - conversation   회화

147

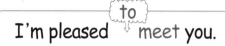 **3. 시 제**   단순부정사와 완료부정사가 있다.

1 단순부정사   to + 동사원형

> I'm pleased **to** meet you.   만나서 반가워.

2 완료부정사   to + have + 과거분사

> I'm sorry **to** have kept you waiting.

기다리게 해서 죄송합니다.   과거에 기다리게 한 것에 현재 미안함

    to have kept   **I'm sorry**

◄──────────⊘──────────────────────⊘──────►
        과거   현재

3 희망, 기대를 나타내는 동사 + to 부정사   to 부정사가 미래를 나타낸다

> She wants **to** go out with me.

그녀는 나와 데이트하고 싶어한다.   미래에 대한 데이트 하기를 원함.

• I hope to see you again.

나는 너를 다시 만나고 싶다.   미래에 다시 만나기를 바람

> want 원하다, hope 바라다 등은 희망이나 기대를 나타내는 동사이다.

 알아도 다시 한 번

부정사의 시제

부정사는 그 자체로는 때를 나타낼 수 없다. 따라서, 본동사와 부정사로 나타낼 동사가 같은 시간에 일어 났으면 단순부정사를, 본동사보다 하나 앞선 일이면 완료부정사를 쓴다.

148

• be pleased   기쁘다   • marry   결혼하다   • go out with   데이트 하다

4. 원형부정사

to가 없이 동사원형으로 이루어진 원형부정사는 지각동사나 사역동사의 목적어를 보충 설명해 준다. 이를 목적보어라 한다.

1 지각동사의 목적 보어 역할 지각동사 + 목적어 + 원형부정사

> **I saw him drink.** 나는 그가 술 마시는 것을 보았다.

- **I heard her shout.** 나는 그녀가 소리지르는 것을 들었다.

2 사역동사의 목적 보어 역할 사역동사 + 목적어 + 원형부정사

> **What makes you come here?**

여긴 어쩐 일이세요? `무엇이 당신을 여기에 오게 만들었나요?`

- **She let him go.**
  그녀는 그를 보내 주었다. `그녀는 그가 가도록 허락했다.`

지각 동사
사역 동사 + 목적어 + 목적 보어
`동사원형`

명사
관사
대명사
동사
형용사
부사
전치사
접속사
시제
조동사
부정사
동명사
분사
수동태
관계사
비교
가정법
부록

`지각동사, 사역동사`

지각 동사는 인간의 감각과 관련된 동사로, **see · hear · feel · smell** 등이 있다. 사역동사는 다른사람에게 어떠한 일을 시켜서 하게 만든다는 의미의 동사이다. **make · have · let** 등이 있다.

- **heard** hear듣다의 과거형   • **shout** 소리치다   • **let** ~하게 해주다

부정사를 바로 써 먹는 **회화문**

To read the book written in English is not easy. 주어 역할

영어로 된 책을 읽는 것은 쉬운 일이 아니야.

My dream is to study abroad.

보어 역할

내 꿈은 유학을 가는 거야.

What movie do you want to see?

목적어 역할　어떤 영화보고 싶어?

My wife likes to take pictures.

목적어 역할　아내는 사진 찍는 걸 좋아해요.

I don't know what to do next.

의문사+ to부정사　다음에 무엇을 해야 할지 모르겠어요.

Would you like somthing to drink?

형용사 역할　뭐 좀 마실래?

I'm going to New York to see Broadway musicals. 부사 역할(이유)

브로드웨이 뮤지컬을 보러 뉴욕에 가고 있어.

I'm very happy to meet you.

부사 역할(원인)　당신을 만나게 돼서 정말 기뻐요.

Let me know your schedule.

원형부정사(사역동사)　당신의 일정을 알려주세요.

I heard you sing a song in the room.

원형부정사(지각동사)　방에서 네가 노래하는 거 들었어.

unit 12

동명사

동명사란?

동사원형에 ～ing를 붙인 형태로, 동사와 명사의 성격을 모두 가진다고 할 수 있다. 주어, 목적어, 보어 역할을 한다.

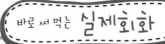
바로 써 먹는 실제회화

 What do you do in your free time?
시간이 날 땐 뭘 하세요?

 Listening to music or **reading** novels.
음악을 듣거나 소설을 읽어요.

 What kind of music do you like?
어떤 음악을 좋아해요?

 I love classical music most.
클래식을 가장 좋아해요.

1. 형태

동사이면서 명사처럼 쓰이고, 보통 「～하는 것, ～하기」로 해석된다.

1 동사원형 + ing

She likes cooking .

그녀는 요리하는 것을 좋아한다.

• Fishing is interesting.   낚시는 재미있다.

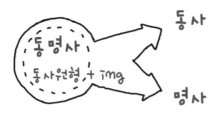
동명사
동사원형 + ing
동사
명사

152

• interesting 재미있는

명사

관사

대명사

동사

형용사

부사

전치사

접속사

시제

조동사

부정사

동명사

분사

수동태

관계사

비교

가정법

부록

KEY POINT 동명사는 동사원형 + ~ing 형태로, 명사 역할을 한다. 그래서 주어로 쓰이거나, 주어나 목적어를 보충 설명해 주는 보어로 쓰인다. 또한 동사와 전치사의 목적어 역할도 한다.

2 동사이면서 명사인 동명사 동사처럼 동작을 나타내면서 명사 역할을 한다

She started ~~drawing~~ a picture.

그녀는 그림 그리기를 시작했다.

draw는 「그리다」라는 동작을 나타내는 동사에,
start의 목적어로서 명사역할도 한다.

- Becoming a doctor is very difficult.

의사가 되는 것은 매우 어렵다.

become은 「~가 되다」라는 동작을 나타내는 동사에,
이 문장에서 주어로서 명사 역할도 한다.

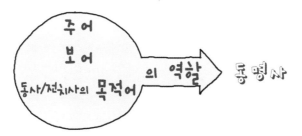

주어
보어
동사/전치사의 목적어
의 역할 → 동명사

• start 시작하다　　• draw 그리다　　• difficult 어려운

2. 역할

주어, 목적어, 보어 역할을 한다.

1 주어 역할

is good exercise.   걷는 것은 좋은 운동이다.

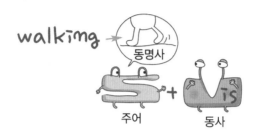

- Speaking in English is not easy.

  영어로 말하는 것은 쉽지 않다.

- Learning badminton is not difficult.

  배드민턴을 배우는 것은 어렵지 않다.

2 목적어 역할

I like swimming **.**   나는 수영하는 것을 좋아한다.

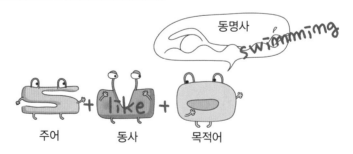

- Michael quit smoking.   마이클은 담배 피우는 것을 끊었다.

- I finished reading the book.   나는 책 읽는 것을 끝냈다.

• walk 걷다   • exercise 운동, 연습   • quit 그만두다   • finish 끝마치다

명사

관사

대명사

동사

형용사

부사

전치사

접속사

시제

조동사

부정사

동명사

분사

수동태

관계사

비교

가정법

부록

③ 보어 역할

His hobby is ⌄ gardening .

그의 취미는 정원 가꾸기이다.

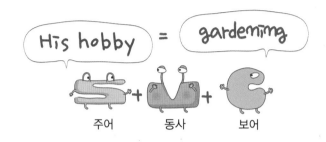

His hobby = gardening

주어   동사   보어

- Seeing is believing.   보는 것이 믿는 것이다.

- My dream is traveling around the world.

  내 꿈은 세계를 여행하는 것이다.

④ 전치사의 목적어 역할

Thank you for ⌄ inviting us.

우리를 초대해 주셔서 감사합니다.

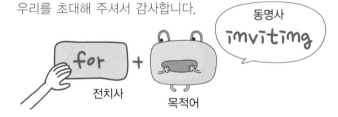

for + 동명사 inviting

전치사   목적어

- I'm interested in learning English.

  나는 영어 배우는 것에 관심이 있다.

- Don't be afraid of making mistakes.

  실수하는 것을 두려워하지 마라.

• invite 초대하다   • be interested in ~에 관심이 많다   • be afraid of ~를 두려워하다

3. 동명사와 부정사의 비교

1 동명사만을 목적어로 취하는 동사   enjoy, dislike, mind, finish, give up …

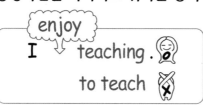

나는 가르치는 것을 즐긴다.

- I dislike seeing you.   나는 너를 만나는 것이 싫다.
- I gave up trying to be a lawyer.
  나는 변호사가 되려는 것을 포기했다.

2 부정사만을 목적어로 취하는 동사   want, hope, decide, expect, refuse …

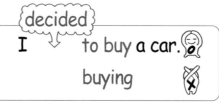

나는 차를 사기로 결정했다.

- I hope to see you soon.   곧 다시 만나기를 바랍니다.
- They want to leave here.   그들은 여기를 떠나고 싶어한다.

P. 220 부정사/동명사를 목적어로 갖는 동사 참조

- **try** 노력하다   - **lawyer** 변호사   - **gave up** give up 포기하다의 과거형
- **soon** 곧

즐거운 영어 한 마디 정말 쉬워요

명사
관사
대명사
동사
형용사
부사
전치사
접속사
시제
조동사
부정사
동명사
분사
수동태
관계사
비교
가정법
부록

3 동명사와 부정사를 모두 목적어로 취하는 동사
begin, start, love, like, continue…

> The baby begins crying.
> = The baby begins to cry.

아이가 울기 시작한다.

- It starts raining.
  = It starts to rain.

비가 오기 시작한다.

- I like going to the zoo.
  = I like to go to the zoo.

나는 동물원에 가는 것을 좋아한다.

동명사와 부정사의 비교

동명사와 부정사는 둘 다 동사의 목적어 역할을 하지만, 동사에 따라 목적어로 부정사가 올지, 동명사가 올지 결정된다. 이것은 정해진 원칙이 없으므로, 무조건 외워야 한다.

• cry 울다 • rain 비가 오다 • zoo 동물원

4 둘 다 목적어가 될 수 있지만, 의미가 달라지는 동사

remember, forget, stop, need, try …

> I remember locking **the door before I left.**
>
> I remembered to lock **the door before I left.**

나는 나가기 전에 문을 잠근 것을 기억한다.
나는 나가기 전에 문을 잠가야 하는 것을 기억했다.

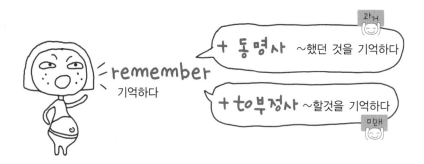

- I've forgotten buying **some fruits.**

  나는 과일 산 것을 잊었다.

- Don't forget to buy **some fruits.**

  잊지 말고 과일을 사 와.

- remember 기억하다   • lock 잠그다   • forgotten forget 잊다의 과거분사
- fruit 과일

- **Fred** stopped smoking.   프레드는 담배 피우는 것을 끊었다. `금연`
  Fred stopped to smoke.   프레드는 담배를 피우기 위해 멈춰섰다. `흡연`

- **My bicycle** needs fixing.   내 자전거는 고쳐야 한다.
  I need to fix **my bicycle.**   나는 내 자전거를 고칠 필요가 있다.

- I tried making **a dress.**   나는 시험 삼아 드레스를 만들어 보았다.
  I tried to make **a dress.**   나는 드레스를 만들려고 노력했다.

동명사 를 바로 써 먹는 **회화문**

Smoking is prohibited in this area.
주어 역할 이곳은 금연구역입니다.

I'll quit drinking. 목적어 역할
술 끊을 거야.

Forgive me for cheating you.
전치사의 목적어 역할 널 속인 거 용서해 줘.

I often regret getting married Suzy.
regret + 동명사 수지와 결혼한 걸 종종 후회해.

Stop thinking about him. stop + 동명사
그 사람 생각 좀 그만해.

I hate doing dishes. 목적어 역할
설거지하는 건 너무 싫어.

How about having dinner with me?
전치사의 목적어 역할 나하고 저녁 먹는거 어때?

Have you finished cleaning the room yet? finish + 동명사 벌써 방 청소 다했어?

I began learning cello last week.
begin + 동명사
나 지난주부터 첼로 배워.

I will never forget visiting Europe.
forget + 동명사
유럽에 갔던 것을 난 결코 잊을 수 없을 거야.

unit 13

분사

분사란?

동사와 형용사의 성질을 가지지만, 주로 명사를 꾸며 주는 형용사 역할을 하며, 현재분사와 과거분사가 있다.

바로 써 먹는 **실제회화**

 Look at that walking girl.
저기 걸어가는 여자를 봐 봐.

 I think she is Mary.
메리 같은데.

 It can't be. She is in the hospital now.
그럴 리 없어. 메리는 지금 병원에 입원해 있어.

 She looks very much like Mary.
메리와 아주 많이 닮았는데.

1. 형태

1 현재분사 동사원형 + ing

Look at the {dancing} boy on the stage.

무대에서 춤추고 있는 소년을 봐라.

• **The man standing by the door is my boyfriend.**

문 옆에 서 있는 남자가 내 남자친구이다.

---

162   • look at 보다   • dance 춤추다   • boyfriend 남자친구

명사

관사

대명사

동사

형용사

부사

전치사

접속사

시제

조동사

부정사

동명사

분사

수동태

관계사

비교

가정법

부록

 현재분사는 「~하고 있는, ~하는」이라는 뜻으로 꾸밈을 받는 명사와 능동적인 관계이고, 과거분사는 「~되어진, ~한」이라는 뜻으로 명사와 수동적인 관계이다.

2 **과거분사** 동사원형+ed, 불규칙 동사

Look at the {broken} window. 깨진 창문을 봐라.

- This is the dress imported from Italy.

이것은 이탈리아에서 수입한 드레스이다. 이것은 이탈리아로부터 수입된 드레스이다

능동의 의미

현재분사 = 동사원형 + ~ing

수동의 의미

과거분사 = 동사원형 + ~ed
불규칙 과거분사 P.218 참조

- **broken** break 깨다의 과거분사   - **import** 수입하다   - **Italy** 이탈리아 국명

2. 역할

1 동사 역할

- **현재분사는 진행 시제에 쓰인다**   be 동사 + 현재분사

The bus <u>is</u> (coming).   버스가 오고 있다.

- **과거분사는 수동태에 쓰인다**   be 동사 + 과거분사

This sweater <u>is</u> (made) by her.

이 스웨터는 그녀가 만들었다.   이 스웨터는 그녀에 의해 만들어졌다

- **과거분사는 완료 시제에 쓰인다**   have/has + 과거분사

He <u>has</u> (worked) for 3 years.

그는 3년 동안 일해 왔다.

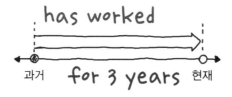 

• sweater 스웨터   • made make 만들다의 과거 분사

명사

관사

대명사

동사

형용사

부사

전치사

접속사

시제

조동사

부정사

동명사

분사

수동태

관계사

비교

가정법

부록

2 **형용사 역할**　　명사 앞이나 뒤에서 명사를 꾸며 주는 형용사 역할을 한다.

- **현재분사**　　꾸밈을 받는 명사와 능동적인 관계

능동 Look at that 〔 falling 〕 leaves.

저기 떨어지는 낙엽들을 봐.

· Do you know the girl sitting under the tree?

나무 아래에 앉아 있는 소녀를 아니?

현재분사
=능동

- **과거분사**　　꾸밈을 받는 명사와 수동적인 관계

수동 He picked up the 〔 fallen 〕 apples.

그는 떨어진 사과를 주웠다.

· I have many toys made in the U.S.A.

나는 미국에서 만들어진 장난감을 많이 가지고 있다.

과거분사
=수동

알아도
다시 한 번

분사의 위치

분사가 혼자서 쓰일 때는 명사 앞에 위치하고, 목적어나 보어 등을
동반할 때는 명사 뒤에 위치한다.

1 명사 앞　　　　　　　**2 명사 뒤**

분사 + 명사　　　　명사 + 분사 + 수식어구

〔 fallen 〕 apples　　　apples 〔 fallen 〕 in the garden

· fall　떨어지다　　　· pick up　줍다　　　· toy　장난감　　　· U.S.A　미국

3 **보어 역할** 분사가 주어나 목적어를 보충 설명해 준다.

- **주격보어** 주어를 보충 설명

I sat watching TV.
주어 동사 주격 보어

나는 TV를 보면서 앉아 있었다.

He looks tired very much.
주어 동사 주격 보어

그는 매우 피곤해 보인다.

- **목적격보어** 목적어를 보충 설명

He kept me waiting for an hour.
주어 동사 목적어 목적격보어

We saw the lion fed .
주어 동사 목적어 목적격보어

그는 나를 1시간동안 기다리게 했다.
우리는 사자들이 먹이를 먹는 것을 보았다.

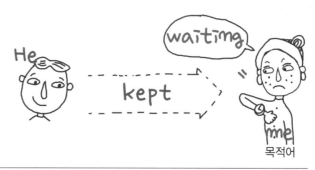

• sat sit앉다의 과거형   • tired 피곤한   • fed feed먹이를 주다의 과거 분사

명사

관사

대명사

동사

형용사

부사

전치사

접속사

시제

조동사

부정사

동명사

분사

수동태

관계사

비교

가정법

부록

3. 현재분사와 동명사

「동사원형 + ing」로 형태는 같지만 동명사와 현재분사로 쓰인다.

1 해석으로 구별

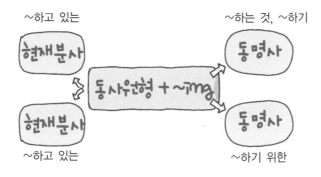

나는 공을 나르고 있는 아이를 보았다.
나는 기타를 치는 것을 좋아한다.

2 문장으로 풀어서 구별

 a sleeping baby ⇒ A baby is sleeping.

 a sleeping bag ⇒ A bag for sleeping.

자고 있는 아이
침낭 잠을 자기 위한 가방

현재분사와 동명사 구별하기

현재분사는 「~하고 있는」이라는 뜻으로 명사를 꾸며 주는 형용사 역할을 하고, 동명사는 「~하는 것」이라는 뜻으로 명사 역할을 한다.
「동사원형 + ~ing + 명사」일 때, 현재분사는 「~하고 있는, ~하는」의 의미로 동작을 나타낸다. 동명사는 명사 앞에서 「~하기 위한」의 의미로 목적이나 용도를 나타낸다.

167

4. 분사구문   절을 분사를 이용해 부사구로 만드는 것이다.

1 분사구문 만들기

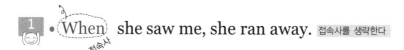

When she saw me, she ran away.
= Seeing me, she ran away.

그녀는 나를 보자, 도망갔다.

1 ·  (When) she saw me, she ran away.   접속사를 생략한다
접속사

2 · (She) saw me, <u>she</u> ran away.   두 절의 주어가 같으면 생략한다

3 ·  [Seeing] me, she ran away.   동사를 분사형으로 바꾼다

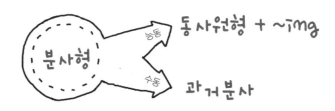

분사형   능동 → 동사원형 + ~ing
수동 → 과거분사

알아도
다시 한 번

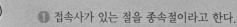

분사구문 만들 때 주의할 점

① 접속사가 있는 절을 종속절이라고 한다.
② 두 절의 주어가 같지 않으면 주어를 생략할 수 없다.
③ 동사는 주어가 행동을 하는 경우에는 현재분사로, 수동적일 때는 과거분사로 바꾼다.

• **ran away**   run away 도망가다의 과거형

분사구문의 쓰임   분사구는 시간 · 이유 · 결과 · 조건 등을 나타낸다.

명사
관사
대명사
동사
형용사
부사
전치사
접속사
시제
조동사
부정사
동명사
분사
수동태
관계사
비교
가정법
부록

1 시간   ~한 후에, ~하는 때에

> After he finished the report, he drank beer.
>
> = Finishing the report, he drank beer.

그는 보고서를 끝낸 후에, 술을 한 잔 했다.

2 이유   ~했기 때문에, ~해서

> As he was sick, James was absent from work.
>
> = Being sick, James was absent from work.

아파서, 제임스는 결근했다.

3 조건   만약 ~한다면, 만일 ~라면

> If you follow this road, you will find the bank.
>
> = Following this road, you will find the bank.

이 길을 따라가면, 은행이 나올 것이다.

4 양보   ~일지라도, 비록 ~이지만

> Though she is fat, she can run fast.
>
> = Being fat, she can run fast.

뚱뚱하지만, 그녀는 빨리 달릴 수 있다.

• drank   drink 마시다의 과거형   • be absent from   결근하다   • follow   뒤따르다

분사 를 바로 써 먹는 **회화문**

I saw you running in the park.
현재분사　너 공원에서 뛰는 거 봤어.

Can you smell something burning?
현재분사　뭔가 타는 냄새가 나지 않니?

My stolen car was found.
과거분사　도둑맞은 차를 찾았어요.

I have stepped on broken glass and am bleeding. 과거분사
깨진 유리를 밟아서 피가 나요.

My mother seemed pleased with my gift. 보어 역할　엄마가 내 선물에 기뻐하는 것 같았어.

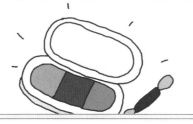

I saw you going shopping yesterday.
보어 역할

어제 너 쇼핑하는 거 봤어.

This book is very boring.
현재분사 이 책은 진짜 지루해.

I'm so tired. 과거분사
너무 피곤해.

I went jogging, listening to the music.
분사구문　음악 들으면서 조깅했어.

Walking down the street, I met Tony.
분사구문　길을 가다가 토니를 만났어..

unit 14

수동태

수동태란?

자신이 아닌 누군가의 힘으로 되어지는 것을 나타 낸다. 문장에서 「누가 ~하여지다, 누가 ~당하 다」라고 해석된다.

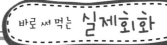

 Julia, what's wrong with you?
줄리아, 무슨 일 있어?

 My wallet **was stolen**.
지갑을 도둑맞았어.

 Where did it happen?
어디서 그랬는데?

 I think it **has been picked** in the subway.
지하철에서 소매치기 당한 것 같아.

1. 수동태를 쓰는 경우

1 수동태의 주어를 강조할 때

> **That mirror was broken by her.**

저 거울은 그녀에 의해 깨졌다.   거울이 깨진 것을 강조

• mirror 거울   • broken break 깨다의 과거분사

KEY POINT 수동태의 형태는 「be 동사 + 과거분사 + by 행위자」이다.
「by + 행위자」는 표시를 안 하는 경우도 있다.

명사

관사

대명사

동사

형용사

부사

전치사

접속사

시제

조동사

부정사

동명사

분사

수동태

관계사

비교

가정법

부록

2 행위자가 분명하지 않을 때

> ### He was killed in the war.

그는 전쟁에서 사망했다.

3 행위자가 일반사람일 때

> ### Modonna is called the Queen of Pop (by people).

마돈나는 (사람들에 의해) 팝의 여왕이라 불린다.

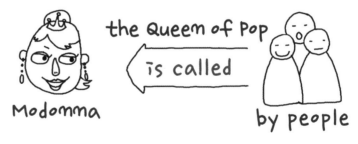

 일반사람은 we, you, they, people, one 등을 말한다.

• call 부르다   • Queen 여왕

2. 수동태 만들기 주어 + be동사 + 과거분사 + (by 행위자)

 She loves him.   그녀는 그를 사랑한다.

 He is loved by her.   그는 그녀에게 사랑받는다.

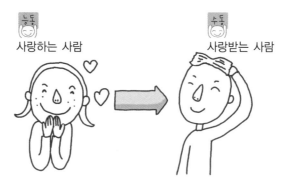

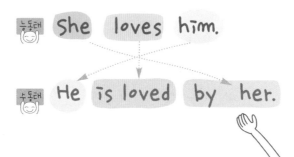

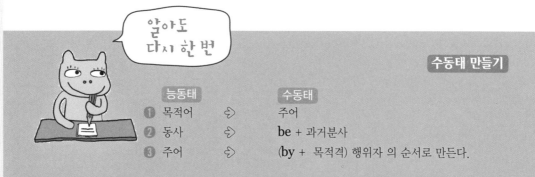

알아도
다시 한 번

수동태 만들기

능동태		수동태
❶ 목적어	⇨	주어
❷ 동사	⇨	be + 과거분사
❸ 주어	⇨	(by + 목적격) 행위자 의 순서로 만든다.

명사

관사

대명사

동사

형용사

부사

전치사

접속사

시제

조동사

부정사

동명사

분사

수동태

관계사

비교

가정법

부록

3. 의문문

의문문은 우선 평서문으로 바꾼 후, 다시 수동태로 바꾸고 이를 다시 의문문으로 바꾼다.

 Did he break the window?

 Was the window broken by him?

 When was the window broken by him?

그가 창문을 깼습니까?
창문은 그에 의해 깨졌습니까?
창문은 언제 그에 의해 깨졌습니까?

 의문사 + be동사 + 주어 + 과거분사 + by 행위자 ?

1. 의문문 Did he break the window ?

2. 평서문 He broke the window .

did break
↓
broke
↓
was broken

3. 수동태 The window was broken by him .

4. 의문문 Was the window broken by him ?

의문문을 수동태로 만들려면 우선 평서문으로 바꾼 뒤, 평서문을 다시 수동태로, 수동태를 다시 의문문으로 만들면 된다.
의문사가 있을 경우에는 의문사는 문장의 맨 앞에 그대로 두고 나머지 부분만 수동태로 바꾼다.

4. 시제

1 현재 am/are/is + 과거분사

> This room is used for storage.

이 방은 창고로 사용된다.

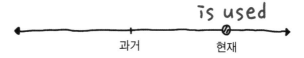

2 과거 was/were + 과거분사

> She was found in the cave last night.

그녀는 어젯밤 동굴에서 발견되었다.

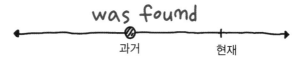

3 미래 will + be + 과거분사

> My homework will be finished soon.

숙제가 곧 끝날 것이다.

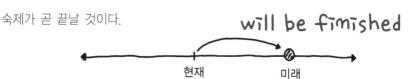

4 현재완료 have/has been + 과거분사

> My car has been stolen.

(나는) 차를 도난 당했다.

5 과거완료 had been + 과거분사

> The shop had been closed for ten days.

그 가게는 10일 동안 닫혀 있었다.

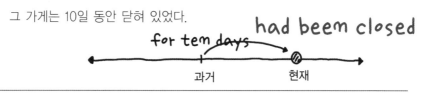

• be use for ~로 사용되다   • storage 창고   • cave 동굴
• stolen steal 훔치다의 과거분사

명사

관사

대명사

동사

형용사

부사

전치사

접속사

시제

조동사

부정사

동명사

분사

수동태

관계사

비교

가정법

부록

6 진행 시제 be 동사 + being + 과거분사

> **A man is being questioned by detectives.**

한 남자가 형사들에게 심문을 받고 있다.

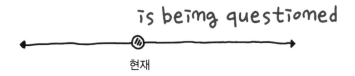

현재

7 조동사가 있는 수동태   조동사 + be + 과거분사

> **He must be drunk to say that.**

저렇게 말하는 것을 보니 그는 술 취한 게 틀림없다.

● **수동태의 시제**

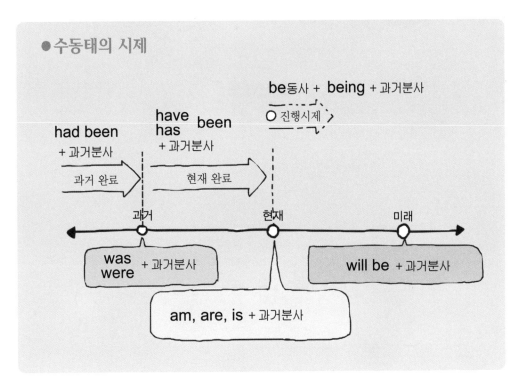

• **question** 질문하다, 심문하다   • **detective** 탐정, 형사   • **drunk** drink 마시다의 과거분사

5. 목적어가 2개인 문장의 수동태

2개의 목적어가 모두 주어가 될 수 있으므로, 수동태도 2가지이다.

1 목적어 「~에게」가 주어로 쓰인 경우

Tom gave me a gift.

I was given a gift by Tom.

탐이 나에게 선물을 주었다.

나는 탐에게 선물을 받았다.

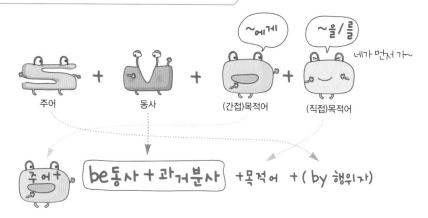

2 목적어 「~을/를」이 주어로 쓰인 경우

Tom gave me a gift .

A gift was given to me by Tom.

탐이 나에게 선물을 주었다.
선물이 탐에 의해 나에게 주어졌다.

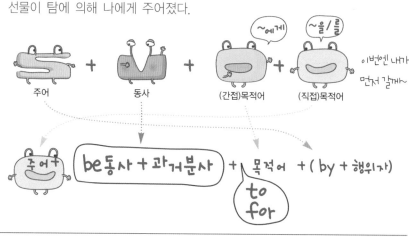

178

• gave   give주다의 과거형   • gift 선물

명사

관사

대명사

동사

형용사

부사

전치사

접속사

시제

조동사

부정사

동명사

·

분사

수동태

관계사

비교

가정법

부록

③ **수동태가 하나만 가능한 경우**

> **I sent** my parents a letter.
>
> ⇨ A letter **was sent** to my parents **by me.**

나는 부모님께 편지를 보냈다.
편지는 나에 의해 부모님께 보내졌다.

my parents가 수동태의
주어로 갈 수 없다.

- **She bought** her son a car.
- ⇨ A car **was bought** for her son **by her.**

    그녀는 아들에게 차를 한 대 사 줬다.

    차는 그녀에 의해 아들에게 주어졌다.

sell
make
send
buy

~에게

를

넌 앞으로 못가!
나만 가야해~

주어   동사   목적어   목적어

주어 +

be +

sold
made
sent
bought

+목적어

to
for

+ by 행위자

알아도
다시 한 번

목적어가 2개이지만 수동태가 하나만 가능한 경우

목적어 「~을/를」만이 수동태의 주어가 될 수 있고, 목적어 「~에게」 앞에는
전치사 **for**나 **to**를 쓴다.
sell, make, send, buy 등의 동사가 이에 해당된다.

• **sent** send보내다의 과거형   • **parents** 부모님   • **bought** buy사다의 과거형

6. 지각, 사역동사의 수동태

지각동사 · 사역동사의 수동태 be동사 + 과거분사 + to 부정사

1️⃣ **지각동사** be 동사 + 지각동사의 과거분사 + to 부정사

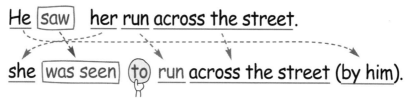

He [saw] her run across the street.

she [was seen] (to) run across the street (by him).

그는 그녀가 길을 건너는 것을 보았다.
그녀가 길을 건너는 것이 (그에 의해) 목격되었다.

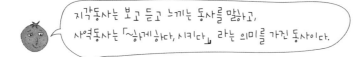

지각동사는 보고 듣고 느끼는 동사를 말하고,
사역동사는 「~하게하다, 시키다」 라는 의미를 가진 동사이다.

2️⃣ **사역동사** be 동사 + 사역동사의 과거분사 + to 부정사

They [made] him drink.

He [was made] to drink (by them).

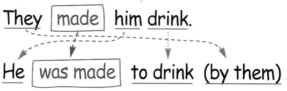

지각 · 사역동사의 수동태
be동사 + 과거분사
+ to 부정사

그들은 그를 술 마시게 했다.
그는 (강요에 의해) 마시게 되었다.

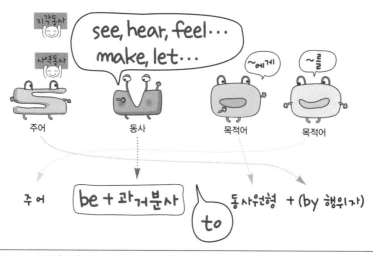

지각동사 / 사역동사

see, hear, feel···
make, let···

~에게   ~를

주어   동사   목적어   목적어

주어   be + 과거분사   동사원형 + (by 행위자)   to

180

• across ~를 가로질러   • street 거리

명사

관사

대명사

동사

형용사

부사

전치사

접속사

시제

조동사

부정사

동명사

분사

수동태

관계사

비교

가정법

부록

7. 동사구의 수동태

 여러 단어가 하나의 동사처럼 쓰이는 동사구는 한 단어처럼 취급해서 수동태로 바꾼다.

능동 She { takes care of } her sister.
수동 Her sister { is taken care of } by her.

그녀는 그녀의 동생을 돌본다.

• I turned on the TV.   나는 TV를 켰다.
⇨ The TV was turned on by me.

8. 수동태를 만들 수 없는 동사

 Mr. Brown has three houses.
 Three houses is had by Mr. brown.

브라운씨는 집을 3채 가지고 있다.

 • I resemble my mother.   나는 엄마를 닮았다.
 • My mother is resembled by me.

수동태를 만들 수 없는 동사

목적어가 있지만 have, cost, become, resemble 등
의 동사는 수동태를 만들 수 없다.

be had
be cost
be become
be resemble

알아도
다시 한 번

• take care of ~을 돌보다   • turn on 켜다   • resemble 닮다

수동태를 바로 써 먹는 회화문

Is this seat taken? 현재
이 자리에 앉는 사람 있어요?

When was this museum built?
과거 이 박물관은 언제 지어졌어요?

동인랑박물관

A car accident was caused in the morning. 과거
오늘 아침에 차사고가 났어.

This work will be done by me.
미래 내가 이 일 할거야.

Have you ever been bitten by a dog?
현재완료 개한테 물려 본 적 있어?

나 개

I had all my money stolen when I was on vacation. 과거완료
휴가 갔을 때 나는 모든 돈을 도둑맞았어.

My broken computer is being fixed by Tom. 현재진행
고장난 내 컴퓨터를 탐이 고치고 있어.

Your voice could be heard from far away. 조동사 + 수동태
네 목소리는 멀리서도 다 들리겠다.

Did you hear Ann got fired from her job?
get + 과거분사 너 앤이 직장에서 짤린 거 들었어?

This song is sung by Beatles, isn't it?
의문문 이 노래 비틀즈가 부른 거지, 맞지?

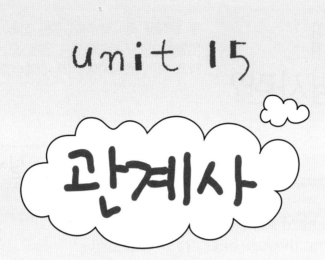

unit 15

관계사

관계 대명사란?

두 문장을 하나로 이어 주는 접속사 역할과 대명사 역할을 한다. 관계대명사 앞에 오는 명사를 선행사 라고 하며, 선행사에 따라 관계대명사가 달라진다.

바로 써 먹는 **실제회화**

 I need some electronic goods,
but the new ones are so expensive.
가전제품이 필요한데 새 것은 너무 비싸네요.

 What kind of goods do you need?
어떤 종류의 물건이 필요한데요?

 A TV set, a fridge, a microwave oven and so on.
What I want most is a TV set.
TV, 냉장고, 전자렌지 등등요. 내가 가장 원하는 것은 TV예요.

1. 관계대명사

관계대명사는 접속사와 대명사역할을 한다.

관계대명사 = 접속사 + 대명사

I saw a man. + He is a teacher. a man = He

⇨ I saw a man { who is a teacher }

나는 한 남자를 보았다. 그 남자는 선생님이다.
나는 선생님인 한 남자를 보았다.

184

명사

관사

대명사

동사

형용사

부사

전치사

접속사

시제

조동사

부정사

동명사

분사

수동태

관계사

비교

가정법

부록

KEY POINT 선행사가 사람이면 who, whose, whom을, 사물이면 which를 쓴다. that은 선행사에 상관없이 쓸 수 있다. 선행사가 포함된 관계대명사 what은 「～인(하는) 것」으로 해석된다.

2. 격변화 관계대명사절에서의 주어, 목적어, 소유형용사 등의 역할에 따라 격변화를 한다.

1 who 선행사가 사람일 때

2 which 선행사가 사물일 때

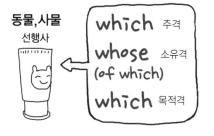

3 that 선행사가 사람, 동물, 사물일 때
선행사가 사람 + 동물일 때
선행사가 최상급 형용사일 때

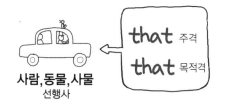

4 what 선행사가 없을 때

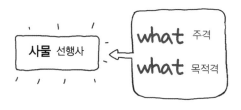

선행사란, 관계대명사 앞에 오는 명사나 대명사를 말한다

185

3. 주격 관계대명사   관계대명사절에서 주어로 쓰인다.

1 선행사(사람)+ who + 동사

A student is sitting in the front row.
{He is from Germany}   A student = He
주어

⇨ A student {who is from Germany} is sitting
in the front row.

한 학생이 맨 앞 줄에 앉아 있다. 그는 독일 출신이다.
독일 출신인 한 학생이 맨 앞줄에 앉아 있다.

선행사가
사람인 경우
=who

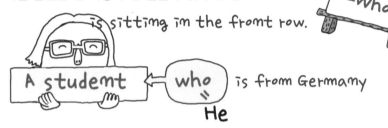

is sitting in the front row.

A student ⇦ who is from Germany
He

- I saw a woman. She looked very happy.   a woman = She
주어
⇨ I saw a woman who looked very happy.

나는 한 여자를 보았다. 그녀는 매우 행복해 보였다.
나는 행복해 보이는 한 여자를 보았다.

알아도
다시 한 번

주격 관계대명사

관계대명사를 이용하여 문장을 연결할 경우, 선행사가 사람인 경우에는 관
계대명사 who를 사용하고, 사람이 아닌 경우에는 which를 사용한다. 관계
대명사 that은 선행사에 상관 없이 모두 사용할 수 있다.

사람	→	who
사물	→	which
사람·사물	→	that

• in the front row 맨 앞줄   • be from ~출신이다   • Germany 독일 국명

명사

관사

대명사

동사

형용사

부사

전치사

접속사

시제

조동사

부정사

동명사

분사

수동태

관계사

비교

가정법

부록

2 선행사(사물) + which + 동사

I like the dress. It is made of silk.
주어

⇨ I like the dress {which is made of silk.} the dress = It

나는 그 드레스를 좋아한다. 그것은 실크로 만들어졌다.
나는 실크로 된 그 드레스를 좋아한다.

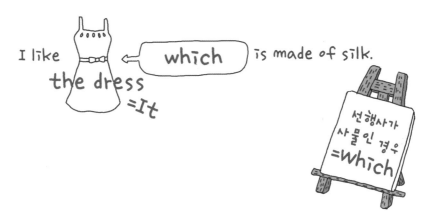

I like the dress =It ← which is made of silk.

선행사가 사물인 경우 =which

- My fiance gave me a ring. It is expensive. a ring = It
  주어
⇨ My fiance gave me a ring which is expensive.

내 약혼자가 나에게 반지를 주었다. 그것은 비싸다.
내 약혼자가 나에게 비싼 반지를 주었다.

• be made of ~로 만들어지다   • fiance 약혼자   • expensive 비싼

3 선행사(사람, 사물) + that + 동사

The bag is **mine**. It is on the desk. `The bag= It`

주어

⇨ The bag {that is on the desk} is mine.

= The bag which is on the desk is mine.

그 가방은 내 것이다. 그것은 책상 위에 있다.

책상 위에 있는 가방은 내 것이다.

 선행사가 사물인 관계대명사 that은 which로 바꿀수 있다.

선행사가 사람·사물인경우 =that

- Mr. Smith **is very friendly.**

  He lives next door. `Mr.Smith = He`

  주어

  ⇨ Mr. Smith that lives next door is very friendly.

  = Mr. Smith who lives next door is very friendly.

스미스씨는 매우 친절하다. 그는 옆집에 산다.

우리 옆집에 사는 스미스씨는 매우 친절하다.

선행사가 사람인 관계대명사 that은 who로 바꿀 수 있다.

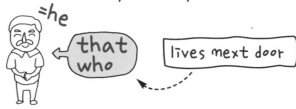

• friendly 친절한   • next door 옆집에   • mine 나의 것

명사
관사
대명사
동사
형용사
부사
전치사
접속사
시제
조동사
부정사
동명사
분사
수동태
관계사
비교
가정법
부록

4. 목적격 관계대명사

관계대명사절에서 목적어로 쓰인다.

1 선행사(사람) + whom(who) + 주어 + 동사

The man is my friend, Bryan.
You met him yesterday.   The man = him
      목적어

⇨ The man { whom you met yesterday }

is my friend, Bryan.

그 남자는 내 친구, 브라이언이다. 너는 어제 그를 만났다.
어제 네가 만난 그 남자는 내 친구, 브라이언이다.

선행사가 사람이고
관계대명사절에서
목적어로 쓰일 경우
whom (=who)

- Ann is the person. I can trust her.   the person= her
                                목적어

  ⇨ Ann is the person whom I can trust.

  = Ann is the person who I can trust.

  = Ann is the person I can trust.

  앤이 그 사람이다. 나는 그녀를 믿을 수 있다.
  앤은 내가 믿을 수 있는 사람이다.

알아도
다시 한 번

목적격 관계대명사

관계대명사절에서 목적어 역할을 하는 대명사를 목적격 관계대명사
라고 한다. 선행사가 사람일 경우는 whom이나 who를, 사물일 경
우는 which를 쓴다. that은 선행사가 사람과 사물, 두 경우에 모두
쓸 수 있다. 목적격 관계대명사는 생략할 수 있다.

• person 사람   • trust 믿다

2 선행사(사물) + which + 주어 + 동사

This is the cake. **Helen made it.** 목적어   the cake = it

⇨ **This is** the cake {which Helen made.}

이것이 그 케이크이다. 헬렌이 이것을 만들었다.
이것은 헬렌이 만든 케이크이다.

목적어

• I lost my umbrella. I bought it yesterday.   my umbrella = it

⇨ I lost my umbrella which I bought yesterday.

= I lost my umbrella I bought yesterday.

나는 우산을 잃어버렸다. 나는 어제 그것을 샀다.
나는 어제 산 우산을 잃어버렸다.

선행사가 사물이고,
관계대명사절에서
목적어로 쓰일 경우
which

which

I lost   my umbrella.

I bought   it   yesterday.

which

I lost   my umbrella ⮟ I bought yesterday.

• **lost** lose잃다의 과거형   • **umbrella** 우산

명사

관사

대명사

동사

형용사

부사

전치사

접속사

시제

조동사

부정사

동명사

분사

수동태

관계사

비교

가정법

부록

3 선행사(사람, 사물) + that + 주어 + 타동사

The movie **was very exciting.**
We saw it last night. The movie = It
　　　　　목적어

⇨ The movie { that **we saw last night** }
was very exciting.

그 영화는 매우 재미있었다. 우리는 어젯밤에 그것을 보았다.
우리가 어젯밤에 본 영화는 매우 재미있었다.

- She is a singer. I like her very much. a singer = her
　　　　　　　　　　　　　　목적어
⇨ She is a singer that I like very much.

= She is a singer whom I like very much.

그녀는 가수이다. 나는 그녀를 매우 좋아한다.
그녀는 내가 매우 좋아하는 가수이다.

선행사가 사람 또는 사물이고,
관계대명사절에서
목적어로 쓰일 경우
that(whom)

- exciting 흥미있는　　　- last night 어젯밤　　　- singer 가수

5. 소유격 관계대명사 관계대명사절에서 소유격으로 쓰인다.

1 선행사(사람) + whose + 선행사의 소유물 + 동사

소유격
I have a friend. His hobby is swimming. a friend = His

⇨ I have a friend { whose hobby is swimming. }

나는 친구가 한명 있다. 그의 취미는 수영이다.
나는 취미가 수영인 친구가 한 명 있다.

2 선행사(사물) + whose(of which) + 선행사의 소유물 + 동사

소유격
Sam has a car. Its color is red.

⇨ Sam has a car { whose color is red. }

= Sam has a car of which color is red.

샘은 차를 하나 가지고 있다. 그 차의 색깔은 빨간색이다.
샘은 빨간 차를 하나 가지고 있다.

알아도
다시 한 번

소유격 관계대명사

선행사가 뒤따라오는 수식어구의 일부에 대해 소유격의 역할을 할 경우 whose(of which)를 사용한다. 선행사가 사람이면 whose를 쓰고, 사물이면 whose와 of which 둘 다 쓸 수 있다. that은 소유격으로 쓸 수 없다.

• hobby 취미   • red 빨간

6. that만 쓰는 경우

that은 선행사가 사람과 사물일 때 모두 쓸 수 있지만, 선행사가 all, the only, the same이나 the first 같은 수사와 함께 쓰일 때는 that만 쓸 수 있다.

Ann is the only woman **that** gets married in my company.

앤은 우리 회사에서 결혼한 유일한 여성이다.

- Everybody that I know loves him.

  내가 아는 모든 사람은 그를 좋아한다.

- You are the first man that entered my shop.

  당신은 우리 가게에 처음으로 들어온 사람입니다.

all, the only, the same, 수사 ⬅ that만 쓰는 경우

7. 관계대명사 what

의미상 선행사를 포함하는 관계대명사이다.
「~하는 것」, 「~하는 일」로 해석된다.

What I need **is your love.**   내가 필요한 것은 너의 사랑이다.

- The shop didn't have what I wanted.

  그 가게에는 내가 원하는 물건이 없었다.

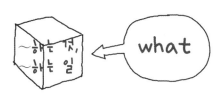

~하는 것, ~하는 일 ⬅ what

• everybody 모든 사람   • enter ~에 들어오다   • shop 가게

명사
관사
대명사
동사
형용사
부사
전치사
접속사
시제
조동사
부정사
동명사
분사
수동태
관계사
비교
가정법
부록

관계
부사란?

형용사절을 이어주는 부사 역할을 하는 접속사이다.

 Jimmy, you're late again. Can you tell me
the reason **why** you're late for work?
지미, 또 지각이군요. 왜 늦었는지 이유를 말해 주겠어요?

 I'm sorry to be late. Traffic was too heavy.
늦어서 죄송합니다. 차가 너무 막혔습니다.

 That's no excuse. Don't be late any more!
그건 변명이 안되요. 다시는 늦지 마세요.

1. 관계부사

관계부사는 형용사절을 이어주는 부사역할을 하는 접속사이다.

관계부사 = 접속사 + 부사

This is the room.
I'm going to have a party in the room.

↪ This is the room {where I am going to have a party.}

이곳이 그 방이다. 나는 파티를 이 방에서 열 것이다.
이곳이 내가 파티를 열 방이야.

• have a party 파티를 열다

명사

관사

대명사

동사

형용사

부사

전치사

접속사

시제

조동사

부정사

동명사

분사

수동태

관계사

비교

가정법

부록

KEY POINT 관계부사는 접속사와 부사 역할을 한다. 선행사가 장소, 시간, 이유, 방법 인지에 따라 **where, when, why, how** 등을 쓴다.

2. 종류

관계부사는 전치사 + 관계대명사로 바꿀 수 있다.

1 where 장소를 나타내는 선행사가 온다.

여기가 그 집이다. 그녀는 여기서 태어났다.
여기가 그녀가 태어난 집이다.

- I can't forget this town. I met you first here.
= I can't forget this town where I met you first .

나는 이 도시를 잊을 수 없다. 나는 여기서 너를 처음 만났다.
나는 너를 처음 만난 이 도시를 잊을 수 없다.

2 when 시간을 나타내는 선행사가 온다.

• be born 태어나다

195

> I remember the time.
> Brad Pitt debuted at that time.
>
> ⇨ I remember the time when Brad Pitt debuted.

나는 그때를 기억한다. 브래드 피트는 그때 데뷔했다.
나는 브래드 피트가 데뷔한 때를 기억한다.

- Sunday was the day. We arrived then.
- ⇨ Sunday was the day when we arrived.

    일요일이 그날이었다. 우리는 그때 도착했다.
    우리가 도착한 날은 일요일이었다.

3 **why** 이유를 나타내는 선행사가 온다.

선행사
the reason — (why 이유) =for which

> I don't know the reason.
> She didn't come for the reason.
>
> ⇨ I don't know the reason why she didn't come.

나는 그 이유를 모른다. 그녀는 그 이유로 오지 않았다.
나는 그녀가 오지 않은 이유를 모르겠다.

- That is the reason.
  I became an actress for the reason.
- ⇨ That's the reason why I became an actress.

    그것이 바로 그 이유이다. 나는 그 이유로 배우가 되었다.
    그것이 바로 내가 배우가 된 이유이다.

• debut 데뷔하다　　　• arrive 도착하다　　　• then 그 때　　　• actress 여배우

명사

관사

대명사

동사

형용사

부사

전치사

접속사

시제

조동사

부정사

동명사

분사

수동태

관계사

비교

가정법

부록

4 **how**　방법을 나타내는 선행사가 오며, the way가 how의 선행사로 올 경우, the way와 how 중 한 가지는 생략된다.

This is the way. I learned Chinese in the way.

⇨ This is the way I learned Chinese.

이것이 그 방법이다. 나는 그 방법으로 중국어를 배웠다.
이것이 내가 중국어를 배운 방법이다.

- He told me the way.
  He has escaped the danger in the way.

⇨ He told me the way (how) he has escaped the danger.

⇨ He told me (the way) how he has escaped the danger.

그는 나에게 그 방법을 알려 줬다. 그는 그 방법으로 위험을 피했다.
그는 위험을 피한 방법을 나에게 알려 줬다.

• escape　벗어나다　　• danger　위험

관계사 를 바로 써 먹는 **회화문**

I don't like people who smoke.
관계대명사 who

난 담배 피우는 사람이 싫어요.

The concert which I saw yesterday was very exciting.
관계대명사 which   어제 본 콘서트 정말 흥미진진했어.

There's something that I want to tell you. 관계대명사 that   당신한테 할 말 있는데요.

I know a man whose office is in London. 소유격 관계대명사

런던에 사무실이 있는 사람을 한 명 알고 있어요.

The teacher whom I wanted to see died 2 years ago. 목적격 관계대명사

뵙고 싶었던 선생님이 2년 전에 돌아가셨어요.

I know what you mean.
관계대명사 what   당신 뜻을 알겠어요..

Tell me when you're able to come.
관계부사 when(시간) 올 수 있는 때를 말해 보세요.

Yesterday I went to the house where I used to live before.
관계부사 where(장소)

어제 나는 전에 살았던 집에 갔었어요.

There's no reason why I have to apologize.
관계부사 why(이유) 내가 사과할 이유가 없어요.

I don't like how my boss talks.
관계부사 how(방법)

우리 사장님이 말씀하시는 방식이 맘에 안 들어요.

전화합시다~

unit 16

비교란?

비교에는 원급, 비교급, 최상급 세 가지가 있다.

 Put on your seat belt.
안전벨트 매세요.

 I did. By the way, please drive a little slower.
맸어요. 그런데, 운전 좀 천천히 하세요.

 Don't worry. I have driven for 10 years.
걱정 마세요. 10년째 운전하고 있습니다.

1. 형태

두 가지 또는 그 이상의 것을 비교하기 위해서는 비교급이나 최상급을 쓴다.

 This cake is big.
 This cake is bigger than that.
 This cake is the biggest in my bakery.

이 케익은 크다.
이 케익은 저 케익보다 크다.
이 케익은 우리 제과점에서 제일 크다.

비교급 = ~ er
최상급 = the ~ est

 원급
big

 비교급
bigger

 최상급
biggest

• big 큰   • bakery 제과점

KEY POINT 무언가를 비교할 때, 형용사나 부사에 -(e)r, -(e)st 또는 more, most를 붙여 비교급과 최상급을 만든다. 형용사나 부사를 그대로 써서 동등한 것을 비교하는 것을 원급이라고 한다.

2. 원급

형용사와 부사를 원형 그대로 쓰는 것을 원급이라고 한다.

1 as + 원급 (형용사/부사) + as ~만큼 ~한

as 형용사/부사 as ~ ~만큼 ~한

Chris is (as) beautiful (as) Susan. 크리스는 수잔만큼 예쁘다.

원급으로도 의미상 비교하는 문장을 만들 수 있다. 「as +형용사/부사+ as」는 동등한것을 비교하는 것으로, 「~만큼 ~한」이라는 뜻이다.

• beautiful 아름다운

3. 비교급과 최상급 만들기

1 **일반적인 형용사, 부사** 비교급은 원급에 –(e)r, 최상급은 –(e)st 를 붙인다

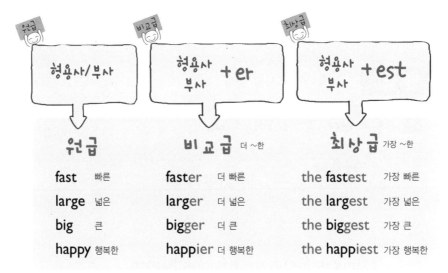

원급	비교급 더 ~한	최상급 가장 ~한
fast 빠른	faster 더 빠른	the fastest 가장 빠른
large 넓은	larger 더 넓은	the largest 가장 넓은
big 큰	bigger 더 큰	the biggest 가장 큰
happy 행복한	happier 더 행복한	the happiest 가장 행복한

단모음＋자음으로 끝날때는 끝자음을 하나 더 쓰고 -(e)r, -(e)st 를 붙인다.
y로 끝나는 단어는 y를 i로 바꾸고, -(e)r, -(e)st 를 붙인다.

2 **2음절 이상의 단어** 원급 앞에 more, the most를 붙인다

interesting 흥미로운	more interesting	the most interesting
beautiful 아름다운	more beautiful	the most beautiful
slowly 느리게	more slowly	the most slowly

명사
관사
대명사
동사
형용사
부사
전치사
접속사
시제
조동사
부정사
동명사
분사
수동태
관계사
비교
가정법
부록

3 **주의해야 할 비교급과 최상급**   아래의 형용사/부사의 비교급, 최상급은 불규칙하다. 잘 알아두도록 하자.

형용사/부사		더 ~한	가장 ~한
good/well	좋은/건강한	better	best
bad/badly/ill	나쁜/나쁘게/아픈	worse	worst
many/much	수가 많은/양이 많은	more	most
few	적은	fewer	fewest
little	적은	less	least
far	거리, 공간이 먼	farther	farthest
far	시간, 정도가 먼	further	furthest
old	낡은, 늙은	older	oldest
old	손위의	elder	eldest
late	시간상으로 늦은	later	latest
late	순서상으로 늦은	latter	last

- I know her better than you do.
  나는 그녀를 너보다 더 잘 안다.

- Jimmy is older than me. He is my elder brother.
  지미는 나보다 나이가 많다. 그는 우리 오빠이다.

뜻에 따라 형용사의 비교급·최상급의 형태가 다르다.

1 **비교급 + than~** ~보다 더 ~하다

Naomi is taller ~~than~~ me. 나오미는 나보다 크다.

- Mike's car is more expensive than mine.
  마이크의 차는 내 차보다 비싸다.

- He speaks more loudly than his brother does.
  그는 그의 남동생보다 더 크게 말한다.

2 **비교급 강조** much, still, even 등을 붙인다

The fridge was ~~much~~ cheaper than I expected.

냉장고는 내가 생각했던 것보다 훨씬 더 쌌다.

- I'm even prettier than her. 나는 그녀보다 훨씬 더 귀엽다.

• loudly 크게   • fridge 냉장고   • expect 기대하다, 예상하다

명사

관사

대명사

동사

형용사

부사

전치사

접속사

시제

조동사

부정사

동명사

분사

수동태

관계사

비교

가정법

부록

3 get(grow, become) + 비교급 and 비교급 점점 더 ~하다

It's <u>getting</u> warmer and warmer.

날씨가 점점 더 따뜻해지고 있다.

- **The problem is** becoming worse and worse **as time goes.**

  시간이 갈수록 문제가 더욱 악화되고 있다.

4 the + 비교급~, the + 비교급~ ~하면 할수록 더욱 ~하다

The cheaper, the better. 싸면 쌀수록 더 좋다.

- The sooner **we leave,** the sooner **we'll get there.**

  우리가 빨리 떠나면 떠날수록, 더 빨리 도착할거야.

- The faster **you drive,** the better.

  차를 빨리 운전할수록 더 좋아요.

알아도
다시 한 번

비교급

물건이나 사람을 비교할 때 쓰는 비교급은 보통 「~보다」라는 뜻의
than을 함께 쓴다. 비교급의 형태는 「A + 비교급 than + B」로,
「A가 B보다 더 ~하다」라는 뜻이다.

- warm 따뜻한   - cheap 싼   - soon 곧, 머지 않아

5. 최상급 최상급은 물건이나 사람이 셋 이상일때, 그 중에서 어느 하나가 최고
일 때 「가장 ~한, 가장 ~하게」라는 뜻을 나타내는 것이다.

1 the + 최상급 + in + 단수명사   ~에서 가장 ~한

the + 최상급 + in + 단수명사

This is *the* longest river [in] the world.

이것은 세상에서 가장 긴 강이다.

- **Joseph is** the youngest in my office.
  요셉은 우리 사무실에서 가장 어리다.

- **Mt. Everest is** the highest mountain in the world.
  에베레스트 산이 세상에서 가장 높다.

2 the + 최상급 + of + 복수명사   ~중에서 가장 ~한

the + 최상급 + of + 복수명사

Today is *the* hottest day [of] my summer holidays .

오늘은 나의 여름 휴가 중에서 가장 더운 날이다.

- **This is** the shortest of all my skirts.
  이것이 내가 가진 치마 중에서 가장 짧다.

- **Jane is** the fattest of all my family.
  제인이 우리 가족 중에서 가장 뚱뚱하다.

family는 구성원을 나타낼때는 복수를 나타낸다.

• young 젊은   • Mt. mountain 산의 약자   • skirt 치마   • fat 뚱뚱한

3 **the를 쓰지 않는 최상급** 부사의 최상급이나 최상급 앞에 소유격이
올 때는 the를 생략한다.

> **He works hardest of them.** 부사의 최상급

그는 그들 중에서 가장 열심히 일한다.

- **Tom is my best friend.**   탐은 나의 가장 좋은 친구이다.

4 **원급, 비교급으로 최상급을 나타낼 수 있다**

as + 형용사 + 명사 + as ~ ever + 동사

> **It is as boring movie as I have ever seen.**

그것은 내가 본 영화 중에서 가장 지루했다.

- **Audrey Hepburn is as good actress as ever lived.**
오드리 햅번은 지금까지 살았던 어느 여배우 못지않게 훌륭하다.

비교급 + than + any other + 단수명사

> **This is older than any other book in the library.**

이것이 도서관에 있는 어떤 책보다도 오래됐다.

비교급 + than + all the other + 복수명사

> **This is shorter than all the other skirts I have.**

이것이 내가 가진 치마 중에서 가장 짧다.

• boring 지루하게 하는   • library 도서관

명사
관사
대명사
동사
형용사
부사
전치사
접속사
시제
조동사
부정사
동명사
분사
수동태
관계사
비교
가정법
부록

6. 주의해야 할 비교표현

형태는 비슷하지만 의미가 다르므로, 주의해야 한다.

1 not ~ any longer = no longer 더 이상 ~ 아니다

I can not stay here any longer.

=I can stay here no longer.

더 이상 여기 있을 수 없다.

not ~ any longer = (no) longer

더이상 ~ 이 아니다

2 not more than = at (the) most 기껏해야, 많아야

She has not more than 10 books.

=She doesn't have more than 10 books.

=She has 10 books at the most.

그녀는 기껏해야 10권의 책을 가지고 있다.

not ~ more than = at (the) most

기껏해야

3 no more than = only 겨우, 단지

She has no more than 10 books.

=She has only 10 books.

그녀는 겨우 10권의 책을 가지고 있다.

no more than = only 겨우

• stay 머무르다

명사

관사

대명사

동사

형용사

부사

전치사

접속사

시제

조동사

부정사

동명사

분사

수동태

관계사

비교

가정법

부록

4 not less than~ = at (the) least 적어도

> She has not less than 200 books.
> =She doesn't have any less than 200 books.
> =She has 200 books at least.

그녀는 적어도 200권의 책을 가지고 있다.

> not less than~ = at (the) least   적어도

5 no less than = as ~as ~만큼, ~이나

> She has no less than 200 books.
> =She has as many as 200 books.

그녀는 책을 200권이나 가지고 있다.

> no less than = as~ as~   ~만큼

알아도
다시 한 번

주의해야 할 비교 표현

· not ~ any longer = no longer	더 이상 ~이 아니다.
· not more than = at the most	기껏해야, 많아야
· no more than = only	겨우, 단지
· not less than = at the least	적어도
· no less than = as ~ as	~만큼

I can type as fast as you do.

원급 나도 너만큼 빨리 타자칠 수 있어.

Will you come to my house as soon as you can?

원급 최대한 빨리 우리 집에 올 수 있어?

My husband is ten years older than I am.

비교급 남편은 저보다 열 살이 많아요.

Who is prettier, Julia or me?

비교급 줄리아가 더 예뻐, 내가 더 예뻐?

Soccer is more exciting than baseball.

비교급 축구가 야구보다 훨씬 재미있어요.

I think these cameras are better than those.

비교급 저것보다 이 카메라가 더 나은 것 같은데.

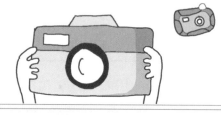

I'm the happiest man in the world.

최상급 난 세상에서 최고로 행복한 남자야.

What ring is the most expensive?

최상급 어떤 반지가 제일 비싸요?

It was the worst movie I've ever seen. 최상급

이건 내가 본 영화 중에 최악이었어.

What color do you like most?

최상급 어떤 색깔을 제일 좋아해요?

unit 17

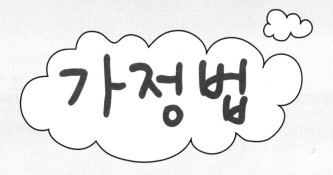

가정법

가정법이란?

「만약 ~라면」이라고 무언가를 가정해서 말하거나 소망을 나타내는 것으로, 보통 if를 사용해서 가정한다.

 How do you go to London tomorrow?
내일 런던에 어떻게 갈거야?

 If we go by car, **we'll have** parking problems.
자동차로 가면, 주차 때문에 문제가 될 거야.

 We could go by train.
기차로 가면 되겠다.

 If we go by bus, **it'll be** cheaper.
버스로 가면 더 쌀 거야.

1. 가정법 현재

현재나 미래에 대한 불확실한 상황을 가정하며 단순한 추측을 나타낸다.

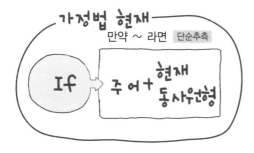

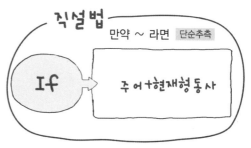

가정법 과거와 과거완료는 If절에 동사의 과거형과 과거완료 시제가 쓰여 이름이 붙여졌다. 하지만, 실제로는 가정법 과거는 현재 사실의 반대 상황을 가정하고, 가정법 과거완료는 과거 사실에 반대되는 것을 가정한다.

명사

관사

대명사

동사

형용사

부사

전치사

접속사

시제

조동사

부정사

동명사

분사

수동태

관계사

비교

가정법

부록

1 **If + 주어 + 동사원형, 주어 + will + 동사원형~** 만약~라면~할 것이다

가정법현재 **If I** have 동사원형 **money, I will travel around the world.**

만약 내가 돈이 있다면, 세계일주를 할 것이다. 단순추측

If + I + have ~ , I will travel~ 만약~라면,
동사원형

직설법 • If the weather **is** nice, we will go to the Central Park.
현재형

날씨가 좋으면, 우리는 센트럴 파크에 갈 것이다. 단순 추측

If + the weather + is ~ , we will go~ 만약~라면,
현재형

알아도
다시 한 번

가정법 현재

가정법 현재에서 「If+주어 +동사원형」은 If절의 주어에 따라 동사를 현재형으로 변화시켜 직설법으로 나타내는 것이 보통이다. If뒤에 주어와 현재형 동사가 쓰이면 직설법 현재이고, If뒤에 주어와 동사원형이 쓰이면 가정법 현재가 된다.

• travel 여행하다   • around the world 세계일주

2. 가정법 과거

「만약 ～라면 ～할텐데 실제로는 그렇지 못하다」라는 뜻으로,
현재 사실의 반대 상황을 가정하거나 상상한다

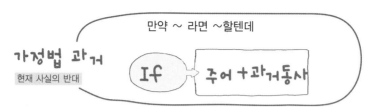

1 If + 주어 + 동사의 과거형~, 주어 + would + 동사원형~

If I ~~were~~ you, I would go out with Cathy.

내가 너라면, 나는 캐시와 사귈 텐데.　현재 캐시와 사귀지 않음

- If you helped me, I could finish my homework by four.

  네가 도와준다면, 4시까지 숙제를 끝낼 수 있을 텐데.

3. 가정법 과거완료

「만약 ～였다면 ～했을 것이다」라는 뜻으로, 과거 사실에
반대되는 것을 가정한다.

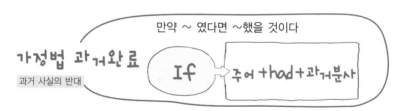

1 If + 주어 + had + 과거분사~, 주어 + would + have + 과거분사~

If we ~~had taken~~ your advice,

we would have saved a lot of money.

우리가 당신의 충고를 받아들였더라면, 많은 돈을 절약할 수 있었을 것이다.　실제로는 돈을 절약할 수 없었음

- If I had got up early, I would not have been late.

  내가 일찍 일어났더라면, 늦지 않았을 것이다.

- go out with 데이트 하다　　　　• advice 충고

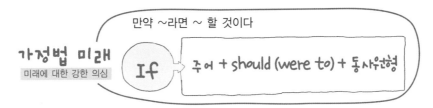

4. 가정법 미래

「만약 ~라면」이라는 뜻으로, 일어날 가능성이 거의 없는 일이나 실현 불가능한 일을 가정한다.

만약 ~라면 ~ 할 것이다

가정법 미래
미래에 대한 강한 의심

If 주어 + should (were to) + 동사원형

1 If + 주어 + should + 동사원형~ , 주어 + 동사 동사는 제한 없음

should rain

If it　　tonight, I will stay home.

오늘밤에 비가 오면, 나는 집에 있을 것이다.

• If I should meet her again, I will ask her to marry me.

그녀를 다시 만난다면, 나는 그녀에게 청혼할 것이다.

2 If + 주어 + were to 동사원형~ , 주어 + would + 동사원형~

were to be

If you　　a teacher,

I would give you 1000 dollars.

네가 선생님이 되면, 내가 너에게 1,000달러를 줄 것이다.

• If I were to be born again,
I would become a good student.

내가 다시 태어난다면, 나는 모범생이 될 것이다.

알아도
다시 한 번

가정법 미래

주어 + would~에서 조동사 would 대신에 should, could, might 등과 같은 조동사도 쓸 수 있다.

명사
관사
대명사
동사
형용사
부사
전치사
접속사
시제
조동사
부정사
동명사
분사
수동태
관계사
비교
가정법
부록

5. 직설법과 가정법 속의 If 비교

1 직설법　불확실한 상황

If she **comes** to my house, we will welcome her.

그녀가 우리집에 오면, 우리는 그녀를 환영할 것이다.

그녀가 올지 안 올지 확실하지 않다.

2 가정법 과거　현재 사실의 반대

If she **came** to my house, we would welcome her.

그녀가 우리집에 온다면, 우리는 그녀를 환영할 텐데.　그녀는 우리집에 안 온다.

3 가정법 미래　실현 불가능한 일의 가정

If she **should** come to my house, we will welcome her.

만약 그녀가 우리집에 온다면, 우리는 그녀를 환영할 것이다.

그녀가 오지 않을 것을 확신한다.

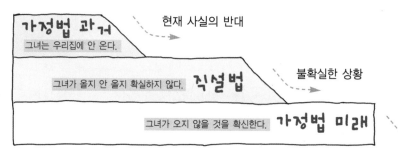

가정법 과거 ---- 현재 사실의 반대

그녀는 우리집에 안 온다.

그녀가 올지 안 올지 확실하지 않다. 직설법 ---- 불확실한 상황

그녀가 오지 않을 것을 확신한다. 가정법 미래 ---- 실현 불가능한 일의 가정

가정법 를 바로 써 먹는 회화문

Jane will be shocked if it is true.
가정법 현재   그게 사실이라면, 제인은 충격받을거야.

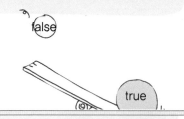

If you take this medicine, you'll feel better.
가정법 현재   약 먹으면, 나아질 거야.

If anyone calls, please take a message.
가정법 현재   전화 오면, 메모 좀 해주세요.

If I were beautiful, I would like to be an actress.
가정법 과거

내가 예쁘다면, 영화배우가 될 텐데.

If the car was not expensive, I could buy it.
가정법 과거

차가 비싸지 않았다면, 샀을 텐데.

If the apartment was large, we would rent it.
가정법 과거

아파트가 넓었으면, 빌렸을 텐데.

If you had been home, I would have visited you.
가정법 과거완료

네가 집에 있었다면, 너한테 갔을 거야.

If I had had enough money, I would have bought a car.
가정법 과거완료   내가 돈이 많았다면, 차를 샀을 거야.

If I had worked harder, I would not have been fired.
가정법 과거완료

더 열심히 일했다면, 회사에서 해고되지 않았을 텐데.

If I should fail, I will try again.
가정법 미래   실패하면 다시 도전할거예요.

A – A – A형　동사원형 – 과거 – 과거분사

bet (돈 등을) 걸다	bet	bet	hurt 다치게 하다	hurt	hurt
cost (비용이) 들다	cost	cost	let 시키다	let	let
cut 자르다	cut	cut	put 놓다,두다	put	put
fit ~에 맞다	fit	fit	read[riːd] 읽다	read[red]	read[red]
hit 치다	hit	hit	upset 화나다	upset	upset

A – B – A형　동사원형 – 과거 – 과거분사

become ~이 되다	became	become	run 달리다	ran	run
come 오다	came	come			

A – B – B형　동사원형 – 과거 – 과거분사

bend 구부리다	bent	bent	keep 유지하다	kept	kept
bring 가져오다	brought	brought	lay 놓다	laid	laid
build (건물을) 짓다	built	built	leave 떠나다	left	left
catch 잡다	caught	caught	lead 인도하다	led	led
deal 분배하다	dealt	dealt	lend 빌려주다	lent	lent
dig 파다	dug	dug	lose 잃다	lost	lost
feel 느끼다	felt	felt	make 만들다	made	made
fight 싸우다	fought	fought	mean 의미하다	meant	meant
hang 걸다	hung	hung	meet 만나다	met	met
have 가지다, 먹다	had	had	pay 지불하다	paid	paid
hear 듣다	heard	heard	say 말하다	said	said
hold 잡다	held	held	sell 팔다	sold	sold

send 보내다	sent	sent	teach 가르치다	taught	taught
sit 앉다	sat	sat	tell 말하다	told	told
sleep 자다	slept	slept	think 생각하다	thought	thought
spend 사용하다	spent	spent	win 이기다	won	won

A - B - C형   동사원형 – 과거 – 과거분사

be ~이다	was/were	been	grow 성장하다	grew	grown
bear 낳다	bore	borne/born	hide 숨기다	hid	hidden
begin 시작하다	began	begun	know 알다	knew	known
break 깨뜨리다	broke	broken	lie 눕다	lay	lain
choose 선택하다	chose	chosen	ride 타다	rode	ridden
do 하다	did	done	ring 울리다	rang	rung
draw 끌다,당기다,그리다	drew	drawn	see 보다	saw	seen
drink 마시다	drank	drunk	show 보여주다	showed	shown
drive 몰다,운전하다	drove	driven	sing 노래하다	sang	sung
eat 먹다	ate	eaten	speak 말하다	spoke	spoken
fall 떨어지다	fell	fallen	steal 훔치다	stole	stolen
fly 날다	flew	flown	swim 수영하다	swam	swum
forget 잊다	forgot	forgotten	take 쥐다	took	taken
forgive 용서하다	forgave	forgiven	tear 찢다	tore	torn
get 가지다	got	gotten	wake 잠이 깨다	woke	woken
give 주다	gave	given	wear 입다	wore	worn
go 가다	went	gone	write 쓰다	wrote	written

명사
관사
대명사
동사
형용사
부사
전치사
접속사
시제
조동사
부정사
동명사
분사
수동태
관계사
비교
가정법
부록

to부정사를 목적어로 갖는 동사

agree	동의하다		learn	배우다
ask	묻다		offer	제안하다
care	마음쓰다		plan	계획하다
decide	결정하다		prepare	준비하다
demand	요구하다		refuse	거절하다
expect	기대하다		wait	기다리다
fail	실패하다		want	~을 원하다
hope	~을 기대하다		wish	~이기를 바라다

동명사를 목적어로 갖는 동사

avoid	피하다		keep	유지하다
delay	미루다		mind	꺼림칙하게 생각하다
deny	부인하다		miss	놓치다
discuss	토론하다		recommend	추천하다
dislike	싫어하다		regret	후회하다
enjoy	즐기다		suggest	제안하다
finish	끝마치다		understand	이해하다
give up	포기하다			

부정사와 동명사를 목적어로 모두 갖는 동사

advise	충고하다		like	좋아하다
begin	시작하다		love	사랑하다
continue	계속되다		prefer	~을 선호하다
hate	싫어하다		start	시작하다

횟수를 나타내는 부사로, be 동사와 조동사 뒤에, 일반동사 앞에 위치한다.

· always	항상
· usually	보통
· frequently	자주
· often	종종
· sometimes	가끔
· seldom	
rarely	거의 ~하지 않다
hardly	
· never	절대 ~않다

★ always ＞ usually ＞ frequently ＞ often ＞ sometimes

★ never ＞ seldom, rarely, hardly

· Catherine always comes on time.
　캐서린은 항상 제 시간에 온다.

· Catherine usually comes on time.
　캐서린은 보통 제 시간에 온다.

· Catherine frequently comes on time.
　캐서린은 자주 제 시간에 온다.

· Catherine often comes on time.
　캐서린은 종종 제 시간에 온다.

· Catherine sometimes comes on time.
　캐서린은 가끔 제 시간에 온다.

· Catherine seldom comes on time.
　= Catherine rarely comes on time.
　= Catherine hardly comes on time.
　캐서린은 거의 제 시간에 오지 않는다.

· Catherine never comes on time.
　캐서린은 절대 제 시간에 오지 않는다.

열공! 왕초짜 첫걸음 시리즈

혼자서 손쉽게 외국어의 기초를 다진다!

· 혼자서 손쉽게 외국어의 기초를 다진다!

· 발음부터 대화문 듣기까지 한 권으로 정복한다!

· 들리는 대로만 따라하면 저절로 외국어회화가 된다!

MP3 다운
KakaoTalk
1:1상담